60歳からのブッダの言葉

Insights
from Buddha
for Life Beyond 60
Takashi Saito

齋藤 孝

はじめに

人生を3つの区切りに分けるとすると、20代までが序盤、50代までが中盤、そして60歳以降が終盤と、おおざっぱに分けることができます。

生まれてから20代までは、とにかく成長期であり、いろんなものをどんどん吸収しながら育っていく。季節で言うと希望に溢れた春でしょう。

次の30代から50代までは社会に出て一線で活躍し、家庭を持ったり子を作り育てる場合はこの時期が山場になります。まさに人生の盛時で、あらゆるものが活発に活動する夏と言えます。

そして60歳以降は、定年を迎えて環境が大きく変わります。

忙しい仕事中心の生活から、自分自身の時間を増やしながら、いま一度自分の人生と向き合う時期になります。子も成人し結婚して孫ができるなど、人生の実りと収穫を実感する、秋の季節と言えるでしょう。

いまや人生100年時代。

昔は還暦を迎えてからの時間は、今ほどたくさん残されてはいませんでした。

でも、ありがたいことに私たちには還暦、定年を迎えてから20年、30年という長い時間が残されているわけです。この長い時間をどう生きるかで、私たちの人生の持つ意味も、豊かさも大きく変わってきます。

せっかく人生の春を楽しみ、夏を謳歌したとしても、秋の収穫の仕方を間違えてしまうと、その実りを十分に手に入れることができません。

逆に、春と夏が思うようにいかなくても、この年代を豊かに生きることで、素晴らしい実りを手にする人も多くいます。

残された時間が長くなるほど、60歳からの人生をどう生きるかが、大きな違いを生むのです。

人生の「ギアチェンジ」が必要

豊かな人生の後半を送るためには、どうしたらいいでしょう?

一つは、やはりお金が大事です。ある程度の蓄えや備えが必要になります。年金以外に、株やNISAなどの投資信託で運用したり、いざという時のための保険に入っている方も多いでしょう。

しかし大切なのはお金だけではありません。たとえ蓄えが十二分にあったとしても、この年代の生き方や考え方を間違えると、思わぬ落とし穴に落ちる可能性があります。

一番の問題は、60代に入ると、多くの人にとってそれまでの社会的な立場が大きく変わってしまうということです。

それまではバリバリ働き、上司として部下を従えていた。ところが定年を迎えると、その肩書、立場が一気に失われてしまいます。自分に対する周囲の評価が大きく変わってしまう。雇用継続を選択しても、給料は激減してしまう。そこで自信を失ったり、やる気や目標を見失ってしまう人もいます。

人生のステージが変わったとき、大事になるのが「切り替え」です。車で言うならギアチェンジです。これまではビジネスの世界で、厳しい競争の中でどうにか勝ち上がろう、生き残ろうと頑張ってきた。

それとはまた違った価値観で生きる時間が始まるわけです。それにうまく対応できないと、その先の人生がとても生きづらくなってしまう。


市民講座などに参加している女性から聞いた話ですが、講座には定年を迎えた男性も多く参加しているそうです。

ただ、最初の自己紹介でやたらと昔の会社の肩書や自慢話をする人が多いとか。

「自分のこれまでの活躍ぶりを知って欲しい、仕事一筋でやってきたから、それが一番の自己紹介なのだから」という思いからでしょうが、華々しい経歴だったとしても、そういう挨拶を聞いただけで、距離を置きたくなるそうです。親しくなるために自己紹介をしているのに、いきなり警戒あるいは嫌悪されてしまう。恐ろしい話ですね。

しかし、誰にとっても決して他人事ではありません。

こういう男性はえてしてプライドが高く、頑固で柔軟性がないため、話をしていてもつまらないことが多いのです。

結果として周囲から距離を置かれるので、本人はますます不機嫌になる。

「こういう人に限って怒りっぽく、トラブルメーカーになる可能性が高いんです」

と、その女性は話していました。私も講師経験があるのでイメージできます。

いっぽうで、定年後の人生を、それまでの価値観に縛られず自由に謳歌している人もいます。そういう人は過去を振り返らず、前向きで明るい。

やはり、人生のギアチェンジが必要なのです。競争社会の中でがむしゃらに頑張り、評価を得てきた人こそ、ギアを入れ直す必要があります。

現代の「煩悩主義社会」でこそ「ブッダ」が光る

そんな60歳からの大きな指針として、私はぜひブッダの言葉と思想をお勧めしたいと思います。

ブッダ（釈尊）は約2500年前に、インド北部のシャカ族の王子として生まれました。何不自由ない暮らしに疑問を持ち、

「すべての人間に襲いかかる『生・老・病・死』という四つの苦しみは、どこから来るのか？」

「その苦しみから逃れるには、どうすればいいか？」

についての答えを得ようと、29歳で出家します。

悟りを得たブッダの教えは、「すべての苦しみの根源である欲望と執着を断ち切り、解脱すること」。それによって輪廻の輪から逃れて涅槃《ねはん》の境地に入ることが、私たちの最終的な目的だということです。

でも、いきなり欲望を断ち切って解脱するなど、私たちにはとてもできそうにあり

ません。特に資本主義社会は人々の欲望や願望を実現し充足させることで成り立っています。もし今の時代にブッダが生きていたら、「これこそ煩悩主義社会だ」と、徹底的に批判したかもしれません。

そんな社会で一人、解脱と涅槃をひたすら目指していたら、社会から逸脱した変わり者になってしまうでしょう。特にビジネスパーソンにとって、ブッダの教えはあまりにも非現実的に思えるのではないでしょうか？

ただしその一方で、ブッダは私たち普通の人間が日常の生活の中で戒めるべきこと、気をつけるべきこともたくさん話しています。

罵らず、害《そこな》わず、戒律に関しておのれを守り、食事に関して（適当な）量を知り、淋しいところにひとり臥《が》し、坐《ざ》し、心に関することにつとめはげむ。——これがもろもろのブッダの教えである。

（『真理のことば』185）

生きものを殺し、虚言《いつわり》を語り、世間において与えられていないものを取り、他人

の妻を犯し、穀酒・果実酒に耽《ふけり》溺《おぼれ》する人は、この世において自分の根本《ねもと》を掘りくずす人である。（同246）

悪い友と交わるな。卑しい人と交わるな。善い友と交われ。尊い人と交われ。（同78）

日常の生活態度に気をつけるべきだとブッダは説いているのですが、総じて言うと、「自己をととのえよ」ということです。

水道をつくる人は水をみちびき、矢をつくる人は矢を矯《た》め、（中略）賢者は自己をととのえる。（同80）

先ず自分を正しくととのえ、次いで他人を教えよ。そうすれば賢明な人は、煩わされて悩むことが無いであろう。（同158）

自己こそ自分の主《あるじ》である。他人がどうして（自分の）主であろうか？　自己をよくととのえたならば、得難き主を得る。（同160）

自己をととのえ、慎みを持つことが大切だ

「自己をととのえる」ことで自分自身をコントロールする、つまり自分が自分の主になることが大事だと言っているのです。

もう1つ、ブッダがよく強調するのが「慎《つつし》み」です。

ことばを慎しみ、心を落ち着けて慎しみ、身に悪を為してはならない。これらの三つの行ないの路を浄《きよ》くたもつならば、仙人（＝仏）の説きたもうた道を克《か》ち得るであろう。（同281）

身について慎しむのは善い。ことばについて慎しむのは善い。心について慎しむ

のは善い。あらゆることについて慎しむことは善いことである。（同361より）

「慎み」という言葉は、他にもブッダの言葉の中にたくさん出てきます。

ブッダにおいては、慎みの反対語は「貪《むさぼ》り」です。

「慎み」を持って「貪り」を抑えることが自己を「ととのえる」、確立することにつながる。それを極めることで、最終的な目標である解脱につながっていく。

ブッダが発したと言われる言葉を記した『ブッダのことば』（スッタニパータ）、『真理のことば』（ダンマパダ）や『感興のことば』（ウダーナヴァルナ）などは、「原始仏典」と呼ばれています。これらは自分自身の解脱と救済を目指す上座部（小乗）仏教の経典とされています。

それによると、ブッダの言葉は決して教条的で俗世間離れしたものではなく、現実的で実践的で、実に素朴な戒めや教えが多いのです。ブッダが思わず発したその時々の言葉や、弟子たちの質問や会話の中で話された言葉で構成されているのです。

ブッダの死後、かなり後になってまとめられた大乗仏教の仏典が、思弁的で体系的であるのとは実に対照的です。

大乗仏典には魅力的なものがたくさんありますが、複雑さを増しているのはたしかです。

ブッダそのものの言葉を見る限り、その教えは日常的で実践的なものだと考えて良いのではないでしょうか。

「四苦八苦」の人生から解放されるには？

ビジネス社会の第一線に立って、なかなかブッダの教えには従うことができなかった私たちも、還暦・定年を迎えることで環境が変わってきます。競争原理や利益主義的な考え方に染まらざるを得なかった状況から、ちょっと距離を置くことができるようになります。

人生の総まとめの豊かな時間を新たに生きる。そのためのギアチェンジとして、原始仏典に記されたブッダの実践的な教えは、とても参考になります。

ブッダの言葉に「四苦八苦」があります。

私たちもよく使う言葉ですが、意味は「生・老・病・死」の四つの苦しみ（四苦）と、「怨憎会苦《おんぞうえく》（憎しみのある相手と一緒にいる苦しみ）、愛別離苦《あいべつりく》（愛する者と離れる苦しみ）、求不得苦《ぐふとくく》（求めるものが得られない苦しみ）、五蘊盛苦《ごうんじょうく》（五感や想念によって起こる妄執による苦しみ）の四つの苦しみを合わせた八苦を示しています。

還暦を迎えるということは、競争社会のシステムや原理から少し軸足を移すことになると同時に、特に「老」「病」「死」の苦しみや恐怖が身近になる年代に入るということでもあります。

その苦しみとどう向き合い、慎みを持ち、身を整えて人生を豊かに実らせるか。

ブッダの言葉ほど有効で有益なものはないと、私は常日頃から考えています。

いきなり欲望をすべて断つ解脱はできなくても、心の真ん中にブッダの教えが灯台の明かりのように光っていたら、私たちは安心して人生という航海を続けることができるのではないでしょうか。

頭髪が白くなったからとて〈長老〉なのではない。ただ年をとっただけならば「空しく老いぼれた人」と言われる。

（『真理のことば』260）

誠あり、徳あり、慈しみがあって、傷《そこな》わず、つつしみあり、みずからととのえ、汚れを除き、気をつけている人こそ「長老」と呼ばれる。

（同261）

空しく老いぼれるのではなく、豊かに老いたいと誰もが思うでしょう。

ブッダの言葉を通じて、人生の序盤と中盤では気づき実現することができなかった、新たな価値観を自分のものにすることが可能だと思います。

それは人生の終盤だけでなく、あなたの人生全体を豊かなものとして完結させてくれるはずです。

それでは以降の章で、２５００年間も輝き続けているブッダの言葉と教えに、触れていきましょう。

60歳からのブッダの言葉　目次

はじめに

第1章 組織でつきすぎた「分別」から自由になる

――「どう思われるか」から解放されるヒント――

定年――後悔しない「この先の過ごし方」

第3章 怒り、不安、孤独を遠ざけるコツ
――ネガティブ感情の手放し方――

第5章 いばらず媚びず、年下と関わる
――「嫌われない60代」の共通点――

第7章 「2割ブッダ」で人生を楽しむ
――ふだんの生活で「ニルヴァーナ」に近づく――

装丁　西垂水敦（krran）
編集協力　本間大樹

第1章

組織でつきすぎた「分別」から自由になる

――「どう思われるか」から解放されるヒント――

定年――後悔しない「この先の過ごし方」

他者ではなく、自身の基準をメインに据える

60歳、すなわち還暦を過ぎたら、もう「自分自身が納得できるかどうか？」をメインに据える生き方をした方がいいと思います。

「はじめに」でも触れたように、この時期は人生のステージが大きく変わります。組織に勤めていれば、定年という大きな区切りがあります。

辞めるにしても、続けるにしても、会社に対しても家庭に対しても、これまでの向き合い方を変えていく必要がある。人生のギアチェンジが必要になるとお話ししました。

そのギアチェンジの一つに、「(それまでと異なり) 他者の目を気にしない」という

ことがあります。

それまでの仕事においては、人事考課などによる会社からの評価が大きかったはずです。その中で昇進やポストが決まり、給料が決まっていく。

上司や役員は自分をどう評価しているのか？

部下や同僚たちは自分をどう見ているのか？

仕事の実力から人間性まで、いろんな人の目にさらされていたわけです。つまり他者の目線＝他者評価で自分を計っていたことになります。


人によって程度の差はありますが、定年を迎えて、もうギスギスした競争社会も、厳しい成果主義、実力主義の環境からも離れる。それはある意味「自由」になれるということです。

ならばもういい加減、誰からの評価でもなく、自分で納得する生き方をした方が良い。そうは思いませんか？

そもそも、60歳であれば、人生の一通りの経験は積んできているはずです。

70代や80代の人たちが年上だからといって、もはや若かった20代や30代の頃のように従順にすればいいというものでもありません。

自分で自分の生き方のスタイルをしっかりとつくる。

主義主張や価値観をしっかりと持つ。

他者の評価や価値観ではなく、自分自身の価値観や基準を拠《よ》り所にする。

会社の評価、周囲の人間からの評価で自分の位置を計るのではなく、自分自身のコンパスで自分の位置を計る。

そんな生き方へと変えていけるのが、この年代だと思います。

激流に押し流されない島（＝自己）をつくれ！

ブッダが亡くなる前の、最後の旅での言葉を記した『ブッダ最後の旅』（大パリニッバーナ経）という本があります。

ブッダは行く先々でいろいろな人と会い、教えを説きます。そばにつき従う若いアーナンダが折に触れ尊師に質問するのですが、丁寧に答えます。アーナンダとはブッダの弟子で、ブッダが故郷に帰る際の道中を常にお供した若者です。

アーナンダよ。わたしはもう老い朽ち、齢をかさね老衰し、人生の旅路を通り過ぎ、老齢に達した。わが齢は八十となった。譬《たと》えば古ぼけた車が革紐の助けによってやっと動いて行くように、恐らくわたしの身体も革紐の助けによってもっているのだ。

（『ブッダ最後の旅』第2章25より）

死期が近いことを悟っているブッダは、続けてアーナンダにまるで遺言のようにこう言います。

この世で自らを島とし、自らをたよりとして、他人をたよりとせず、法を島とし、法をよりどころとして、他のものをよりどころとせずにあれ。

（同第2章26より）

自らを「島」とするという表現は、他の経典にも出てきます。

思慮ある人は、奮い立ち、努めはげみ、自制・克己によって、激流もおし流すことのできない島をつくれ。

（『真理のことば』25）

インド哲学の第一人者で岩波文庫の訳を務めた中村元さんによれば、ここでの激流とは、雨期で増水した川の流れだということです。

インドの洪水は桁外《けた》れで、雨期明けになると一面水浸しだそうです。その中で人はぽっかりと顔を出した島のような高台に避難する。ですから、ここでいう「島」とは砂州のようなものです。

激流の中でも、砂州があれば流されずに助かります。ブッダはインドの風土に合わせて、人々に分かりやすく表現したということです。

60歳までの人生というのは、どうしても周囲からの評価が大きな要素を占めていたと思います。それに自分を合わせていくことが求められました。

でも、60歳を過ぎて定年を迎えたら、もうそこから抜け出してもいい。

自己を拠り所にして、自分の価値基準を中心に据えてみる。

まさに自分という「島」をしっかりと作りなさい、周りがどうであろうと流されない自分を作れということでしょう。

法（＝ダルマ）を島として、頼るべし

ただし、「自分勝手に生きろ」と言っているわけではありません。

ブッダは同時に、「法を島にせよ」とも言っています。法（＝ダルマ）とは、この世界の摂理に基づいた、人としての正しい道や実践すべき行いを言います。

「島」とは自己でもあり法でもある。つまり、あくまでも法を身につけた自己を拠り所にしなさいということです。

法（＝ダルマ）というと、何やらとても難しく感じるかもしれません。

ただし、ブッダの言葉を読むと分かるのですが、決して難しいことを言っているわ

けではない。ブッダが言っていることは、とても具体的でシンプルなのです。

すべて悪しきことをなさず、善いことを行ない、自己の心を浄めること、――これが諸の仏の教えである。

（『真理のことば』183）

法とは悪い行いを慎み、社会の中で善を行い、自分の心を浄《きよ》く保つことです。

後年、ブッダが亡くなった後に仏教自体が様々に発展、展開し、それぞれ理論が進んで精緻になりました。

「唯識《ゆいしき》三年具舎《ぐしゃ》八年」という言葉があります。

仏教の理論である唯識理論とは、この世界は心によって認識されるもので、通常の意識から「阿頼耶識《あらやしき》」まで八つの段階があるというものです。

これはフロイトやユングによって示された「無意識」の考え方をはるかに先取りしており、学ぶのに三年かかると言われるほど難しいものです。

具舎論はその唯識を土台にしながら、さらに因果論などを詳細に加え、学ぶのに八年かかるというのです。

このような難しい仏教理論が生まれて、現在の大乗仏教と呼ばれる各宗派に引き継がれているわけです。

実践主義＝自力救済がブッダの教えの本質

ですが、いわゆる原始仏典とされているいくつかの経典によると、ブッダ自身は前述のように、決して難しい言葉や理屈を言っていたわけではありません。

悟りを開いたブッダは、ナーラカという弟子に聖者としての境地を諭します。

村にあっては、罵《ののし》られても、敬礼されても、平然とした態度で臨《のぞ》め。（罵られても）こころに怒らないように注意し、（敬礼されても）冷静に、高ぶらずにふるまえ。

（『ブッダのことば』702）

腹を減らして、食物を節し、少欲であって、貪ることなかれ。かれは貪り食う欲に厭《あ》きて、無欲であり、安らぎに帰している。（同707）

聖者は、村に行ったならば、家々を荒々しくガサツに廻ってはならない。話をするな。わざわざ策《さく》して食を求めることばを発してはならない。（同711）

どうでしょう、とても具体的で実践的な教えではないでしょうか？

ブッダの説く法とは、難しい理論や高尚な哲学ではなく、その実践の柱は「貪り」から離れた「慎み」を守ることであり、自己を乱さず「ととのえる」ことなのです。

その意味で、ブッダが唱えた初期の仏教は、自力救済が基本だといえるでしょう。欲を捨て、自己を律し、道理に従って生きる。そのために、世の中の様々な価値観や常識に縛られず、自己という島、法という島を拠り所とする。

50代までは、どうしても社会の価値観や基準に縛られがちですが、定年などによって距離ができることで、ブッダ的な生き方にシフトすることが可能になるはずです。

しっかりとした自己を取り戻すことが、人生を豊かに作り上げることにつながると思います。

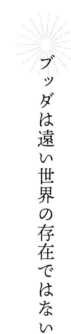

ブッダは遠い世界の存在ではない

たくさんの「プチブッダ」がいる

なぜか人から一目置かれ、いろんな人が集まってくる人物がいませんか？たくさんの人と関わっているのに、不思議と人間関係のトラブルがない。余裕があって穏やかで明るく、その人にかかれば、なんだかすべてがうまくいってしまう気にさせる。周囲の信頼が厚く人望があるので、本人は望んでいないのに、組織のまとめ役、長に抜擢されるといった人です。

一方、ちょっと何かをしようとするといろんなところで躓《つまず》き、物事がなかなか進まない人がいます。些細なことで他人と衝突したり、意志の疎通がうまくいかずに誤解やミスが生じてしまう。思い通りにいかないので、当の本人はいつもイライラして殺気立っている。だからどんどん人が離れていき、悪いスパイラルに入ってしまう。皆さんもビジネスの現場で、このような例、人物をたくさん目にしてきているのではないでしょうか？

実はありがたいことに、私の友人には、前者のような人物が多いのです。誰もが知っている大企業の社長になっている友人がいます。忙しい毎日のはずなのに、いつも穏やかで余裕を感じさせ、明るいプラスのオーラを漂わせているのです。

「どうしてあんな大企業の社長になれたんだ？」

と聞くと、

「いや、実は自分でもよく分からないんだ」

と言うのですね。社長になろうとしてガツガツ競争社会を生きてきた感じではないのです。

でも、私にはよく分かる気がします。その円満で明るい人格が、上司から評価され、部下からは慕われ信頼される。上と下を巻き込んで、彼の人格と人望が一つの大きな流れを作ってしまう。

本人には言いませんが、私は彼のような人物を「プチブッダ」と、ひそかに称しています。

心穏やかで慎ましく、自己がととのっている。イライラした感じがない。知り合って40年になりますが、怒っているところなど見たことがありません。

それはまさにブッダが説く自己と法を島として自立している人物＝覚者（ブッダ）に近いのではないでしょうか。

大谷翔平選手にブッダの輝きを見る

煩悩をすべて消し去って解脱し、涅槃に入ることは難しい。

でも、貪りから少しでも離れ、慎みのあるととのった生き方を心がけることはできるはずです。それが私の言うところの「プチブッダ」なのです。

心穏やかに慎ましく円満に生きると言うと、なんだか好々爺のようなイメージがあるかもしれません。

でも、それとは少し違うように私は考えています。

最近、特にプチブッダを感じる人物として二人のスポーツ選手を挙げたいと思います。

その一人がメジャーで二刀流として大活躍している大谷翔平選手です。

彼にはブッダ的な輝きを感じます。

とにかく野球を楽しむということを一番の目的にしている。もう少し日本でプレーしていれば、メジャーリーグで巨額な契約が結べたはずですが、そんなことよりとにかくチャレンジしたい、自分の野球を最高の舞台で楽しみたいという気持ちが強かった。

金銭的な欲、名誉欲といった「欲望」ではなく、純粋に野球の楽しみに徹しているという点で、とてもブッダ的だと思うのです。

そしてメジャーという世界最高のプレーヤーが集まる中で投手としても打者としても最高の成績を残す。

彼の言動には少しの傲慢さも尊大さもありません。とてつもない努力をしているにもかかわらず、穏やかな笑顔で、時折感情を見せるけれど、決して他人を攻撃するものではありません。いろんな人に気を遣う優しさが前面に出ているので、そんな姿も好感が持てるのです。

メジャーリーグという極めて厳しい競争社会にいながら、まるで一人別世界にいるような明るさと優しさがあり、どんなときもブレない強さも感じさせます。誰もがそんな大谷選手の活躍を見たいと感じてしまう。

私には、そこにブッダの姿が重なって見えるような気がするのです。

試合前でも揺れない井上尚弥選手の仏性とは？

もう一人挙げるとしたら、ボクシングの井上尚弥選手でしょう。

最強のチャンピオンと呼ばれ、これだけ多くの人の「勝って当然」という期待を背負ってリングに立つプレッシャーは、いかほどでしょうか？

負けたらすべてを失うのがボクシング。厳しく残酷な世界です。

そのプレッシャーと戦いながら、減量というこれまた過酷な修行のような日々とハードな練習をこなす。

ところが井上選手の表情を見ると、そんな悲壮感がまったくありません。大谷選手に通じる余裕と明るさが感じられます。

NHKで放送された「プロフェッショナル 仕事の流儀」という番組で、井上選手に密着取材が敢行されていました。試合前の減量中にカメラが付きまとう。

実は私もテレビのちょっとした密着取材を受けたことがあります。私は良いとしても、私と会う人に迷惑をかけてはいけないなどと、それこそいろいろ気を遣い疲れ果ててしまいました。

井上選手は、私よりはるかに長時間密着取材をされながら、「気になりませんか？」という質問に「全然気にならないです」と答えていました。ただただ、すごいなと感心してしまいました。

最も緊張感の高まる試合前なのに、この落ち着きと余裕はどこからくるのか？

そこにやはり仏性（＝ブッダ）を感じずにはいられません。

毎朝10㎞のランニングからの練習。そして減量。

「お腹が空いてどうしようもないとき、どうしますか？」

という質問に、

「大食いのYouTubeを見ます。それで食べた気になって満足します」

と、にこやかに答える。

普通なら、「自分はこんなに我慢しているのにコイツは好き放題食べて」とイライラしたりするところ、彼は「自分が食べた気になる」。

人間の一番の苦しみは飢えのはずですが、そんなことまでコントロールしている。

これが現代のブッダでなくて何だろうと思いました。


大谷選手も井上選手も、決して「好々爺」ではありません。若いし、生き馬の目を抜く厳しい競争のど真ん中で頑張っている。

それでも彼らがにこやかで余裕があり、優しさや大らかさを保っているのは、自己という確固たる拠り所を持っているからだろうと思います。

彼らは他者からお仕着せられた価値観や基準に従うのではなく、自らの価値基準の中で主体的に生きている。だからこそ生まれる大らかさや明るさがあるのではないでしょうか？

誰でもブッダに近づき「プチブッダ」になれる！

私たちはブッダではないし、大谷翔平選手や井上尚弥選手のような才能を持ち合わせているわけではありません。ですが、自己を拠り所にし、法を拠り所にするという生き方は、やろうと思えば誰でもできるものだと思います。

たとえば、若いときにやたら尖っていて攻撃性の強い人物が、60歳を過ぎると驚くくらいに円満で優しい人に変わっていたりします。引退して好々爺になったということではなく、これまでは「俺が、俺が」で生きてきたけれど、これからはできるだけ世のため人のための仕事がしたい、お金儲けではなく若い人に何かを残す活動をしたいと、生き方のベクトルが変わってくる。

これまではビジネス社会の論理、会社の論理に従って頑張ったけれど、もうこれからは自分の価値観、論理で生きていきたい。そう強く考えて日々の生活に新たな目的を持ち、生き生きと生きる。それ自体がブッダの生き方に近くなっている、つまり「プチブッダになる」ということだと思います。

ですから、やはり年齢というものは大きいのです。大谷選手や井上選手のように若くしてその領域に達する人もいますが、あくまで例外中の例外でしょう。

厳しいビジネスの競争社会から距離を取れる60代、干支《えと》が一周りして元に戻る還暦を迎えて、今一度自分を振り返り、本当の自分、拠り所とする自己を考えてみる。

人生の中締めというか、ここでいったん人生の区切りとして、新たに再生する。

それは言葉を換えれば、人生の手綱、ハンドルを自分の手に取り戻すということでもあると思います。

ブッダの言葉に、「犀《さい》の角のようにただ独り歩め」というものがあります。

犀の角は1本しかありません。

その角のように、他人からの毀誉褒貶《きよほうへん》や評判に惑わされることなく、自分の中の価値観、確信に従って生きよと言うのです。

あらゆる生きものに対して暴力を加えることなく、あらゆる生きもののいずれをも悩ますことなく、また子を欲するなかれ。況《いわ》んや朋友をや。犀の角のようにただ独り歩め。

（『ブッダのことば』35）

林の中で、縛られていない鹿が食物を求めて欲するところに赴《おもむ》くように、聡明な人は独立自由をめざして、犀の角のようにただ独り歩め。

（同39）

貪《むさぼ》ることなく、詐《いつわ》ることなく、渇望することなく、（見せかけで）覆うことなく、濁《にご》りと迷妄とを除き去り、全世界において妄執のないものとなって、犀の角のようにただ独り歩め。

（同56）

自分の人生の手綱は自分で握るという覚悟を決める。それが60歳からの生き方の大きなポイントになると思います。

自分で自分の人生をコントロールする。その可能性と自由ができるのが、人格も円熟し定年を迎える60代からなのだと思います。

第2章

60歳からは「捨てる力」が人生を分ける

――うまく「諦める」と定年後が輝く――

ブッダの唱える諦め（「四諦」）とは

執着するな

ブッダは、物事に執着するなと再三再四言っています。

執着とは諦めが悪いということ。ですから諦める力をつけることが、ブッダに近づくことだと言えます。

ただ、「諦め」というと、ネガティブなイメージがあります。理想を諦める、夢を諦める。どこか否定的な言葉として捉えられがちです。

ただし、これも60歳という年齢を超えると、状況が変わってきます。

すでに多くのビジネスパーソンは、出世競争では何かしら諦めざるを得ない状況を経てきています。どんなに頑張っても、会社の役員になれる人は限られているし、その中でも最後に社長になれるのは一人しかいません。それ以外のすべての人は、何かしら、どこかしらで出世競争に敗れている。

だいたい50歳を過ぎたら、自分がラインのどこにいるか、どこまで上がれるかが、見たくなくてもはっきり見えてきます。そこで出世に対する「諦め」が必然的に生まれてくる。その諦めは、決して悪いことではありません。

反対に、定年間近になって、どう考えても周りから見たら出世の道は断たれているのに、組織内での上昇志向だけが空回りしていたとしたらどうでしょう？　なんだか哀れでもあり、滑稽な感じがするのではないでしょうか？


あるいは異性に対しても、もういい加減体力も衰え、動物としての魅力が失われているにもかかわらずガツガツ求めていたら、どんな感じがするでしょう？

もちろん、ある程度の色気を持って身だしなみに気を付けるとか、おしゃれをするというのは大切なことです。

しかし異性に執着し、まるで青春時代かのように一方的に情熱を燃やすというのは、ちょっと「イタ」くてみっともない感じがします。

お金に対しても、とにかく儲けたい、増やしたいと60歳を過ぎてもケチケチしていたら、かなり嫌みな年寄りだと思われるのがオチです。どれだけたくさん持っていたとしても、墓場まで持って行けるものではありません。

いい年をして、やたらと執着すること、貪ることはみっともないと知ることが大事です。執着や貪りを離れて「諦める」ことが、実はこの年代の大きなテーマになると考えます。

仏教の「諦念」とは、物事の道理を見極めること

仏教における「諦観」「諦念」というのは、たんなる「諦め」とは少し違うニュアンスがあります。「諦め」とは「明らめ」でもあり、物事の道理を明らかにすること、見極めることという意味があります。

その意味で、仏教の教えの根源には四つの諦観である「四諦《したい》」があります。

まず一つ目の「苦諦」とは、人生は苦であると見極めること。「はじめに」でも触れましたが、生きることはすなわち「四苦八苦」そのものであると見極める。生・老・病・死の四苦に、愛別離苦（愛する者と別れる苦しみ）、怨憎会苦（憎いものと一緒にいる苦しみ）、求不得苦（求めるものが得られない苦しみ）、五蘊盛苦（人の五感や想念による苦しみ）の四つを加えた八苦のことです。

二つ目は「集諦《じったい》」です。

物事には必ず原因があり、苦しみにも何らかの原因がある。その原因を明らかにして、苦しみの本源を知ることを言います。

三つ目は「滅諦《めったい》」で、その苦しみの原因を明らかにし、それが人間の心の持ち方であることを悟ること。それによって煩悩を断ち、解脱することで苦しみから逃れることができると知ることです。

四つ目が「道諦《どうたい》」で、以上の理《ことわり》を理解したうえで、苦を滅するには八つの正しい道＝「八正道《はっしょうどう》」を実践しなければならないと理解することです。

正見《しょうけん》：自己中心的な見方や偏った見方をせず、正しくものを見る。
正思《しょうし》：自己本位な考え方を離れ、真理に照らして物事を判断する。
正語《しょうご》：真理に照らした言葉を使い、妄言や虚言、暴言を慎む。
正業《しょうごう》：本能に任せた行いを離れ仏の教えと戒めに従った行いをする。
正命《しょうみょう》：命をつむぐのに、人の道に反した仕事や職業によらず生計を立てる。
正精進《しょうしょうじん》：与えられた使命や役割を知り、正しく励み精進する。
正念《しょうねん》：仏の教えに従った正しい心を持ち、心を常に真理へ向ける。
正定《しょうじょう》：刺激や環境によって揺れない、正しい心を保つ。

以上の八正道を実践することで、人生に付きまとう苦から離れ、真理に近づくとブッダは言うのです。

現代社会における八正道の実践とは？

ただし、私たちが現代社会で生きる上で、ブッダのように完全に煩悩を滅し、解脱することは難しい。今の時代、そこまで目指すのはいろんな意味で無理があります。

私が思うに、現代の欲望過多な時代においては、必要最小限の欲望に絞り込むだけで、もはやブッダ的な生き方だと言えるのではないでしょうか？

資本主義の現代社会は、煩悩社会でもあります。人々の欲望や不安をあおり、購入意欲につなげていく。人の心の隙や弱みに付け込む悪徳商法や詐欺も横行しています。

その世界を見事に表しているのが『闇金ウシジマくん』でしょう。私は漫画も映画も全部観ていますが、まさに欲望や不安、ちょっとした心の弱さから、闇金に手を出して、真っ逆さまに堕ちて行ってしまう人たちを描いています。

それはまさに煩悩にまみれた人たちが、借金地獄というこの世の地獄に引きずり降ろされる話です。ただし、煩悩にまみれたといっても、特別に変わった人たちではありません。どこにでもいる平凡な人たちが、ちょっとしたことでその地獄に堕ちていく。

たとえば『闇金ウシジマくん』外伝であるドラマ『闇金サイハラさん』は、高橋メアリージュン扮する犀原茜が経営する闇金業者の話です。

ある回では、地下アイドルを応援する男性が出てきます。地下アイドルに入れ込んだ挙句、借金を重ね、会社をクビになってしまいます。ストーカーのようにアイドルを追いかけるけれど、アイドルの方は当然ですが、その男性など眼中にありません。

たとえばキャバクラでもクラブでも、こういうことにハマってしまう男性は多いでしょう。好きになってしまうと周囲が見えなくなる。周りが心配して、どれだけ諫めても聞く耳を持たず突っ走ってしまう。

その結果、最後は借金まみれになって地獄のような取り立ての中で身を滅ぼすのですが、まさにブッダの言う欲望と執着に身を焦がした悲惨な結末だと言えるでしょう。

完全に解脱しなくても、四諦と八正道の理を知っていて、それを少しでも思い出し、身を慎んでいたら？　少なくとも、この世の地獄に堕ちずにすんだはずです。

身の丈に合った欲望を楽しむ

完全に欲望を断つのは非現実的

私自身は、今の世の中で欲望を完全に滅してブッダのように生きることは難しいと考えます。全く欲望を消してこの世の喜びを消し去ってしまうのは、現実的ではないし、つまらない。

そうではなく、身の丈に合った範囲で欲望を持ち、身の丈に合った形でそれを楽しむなら、人生の喜び、生きる力になると思います。

たとえばブランド品を買うのも、まるで中毒のように高いものをたくさん購入する人がいます。お金持ちで湯水のように使えるならそれもいいでしょうが、普通のビジネスパーソンや主婦だと問題です。

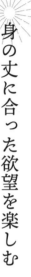

借金してまでブランド品でそろえるとなると、もはや依存症であり、まさに闇金ウシジマ君、闇金サイハラさんの世界になってしまう。

そうではなく、たまに自分へのご褒美として、それほど高くない品を購入する。それを手にしているとちょっと嬉しくなって、生活の張りになる。そんなささやかな満足をもたらす出費なら、生活と人生の彩りとして、あっていいでしょう。

釣りでもゴルフでも宝飾品でも、趣味の出費に関しても、自分の収入と家族の生活のバランスを考えて、年間いくら、月いくらと上限を定める。その範囲で楽しむと、それは貪りではなくて、まっとうな楽しみとなります。

しっかりと計画性を持ち、自己を制御したうえで人生を楽しむというのは、とてもいいことだと思います。

避けるべきは欲望にまみれ、自己を失い、コントロールできなくなることです。

ブッダはこのことを、次のような言葉で教え諭します。

バラモンよ、木片を焼いて清浄になることができると思ってはならない。(中略)

バラモンよ、われは木片を焼くのを放棄して、内部の火をともす。永遠の火によってつねに心が静まっている。われは尊敬さるべき行者であって、清浄行をおこなうものである。よく制御された自己は人間の光である。

（『原始仏典』55ページ）

ここでブッダが言うところの「バラモン」とは、執着を断ちきり完成された修行者を指しています。当時、心を清浄に保つために木片を焼く、すなわち「護摩《ごま》焚き」が行われていました。

ただし、ブッダはそのような儀式によって心が清浄になるのではなく、自分の内部に火をともすことが大事だと説いたのです。

内部に火をともすとは、法を内部に取り込むこと。それによって自己を制御することが大事だということです。

心に法の火がともっていないために、人は様々な欲望に身をやつし、煩悩の激流に流されてしまう。ちょっとした世の中の流れや動きに振り回され、欲望や不安に取り憑かれて自己を見失ってしまう。

すると、度を越えた追っかけや、とめどない消費行動によって、自分を見失い、コントロール不能に陥ってしまう。

永遠の内部の火がともっていれば、たまに息抜きで気が晴れる遊びをすることもありでしょう。溺れることなく、話の種やちょっとした参考として別世界を覗いてみる。

そういう制御された楽しみであれば、いいのではないでしょうか？

では、私たちが具体的に永遠の内部の火をともすには、どうすればいいか？

難しい学問を学ぶ必要も、厳しい修行に身を投じる必要もない。ブッダが言っているのは先ほどの「四諦」と「八正道」に尽きます。しっかりと世の中の理を見極め、正しい行いによって貪りを鎮め、心を穏やかに保つ。それが法であり、心の中のともし火となるのです。

自分の中に確固とした目的や目標があればブレない

内部の火をともすには、私なりに考えると、自分自身の目標や目的を持つということも一つの方法ではないかと考えます。たとえば将来先生になりたいとか、医者になりたい、弁護士になりたいという目標が明確な人は、自ずと周囲の雑音が気にならなくなる。

私自身、学生の頃を考えるとちょっと変わっていたなと思います。特にブッダ的というわけではありませんが、当時の学生、特に男子大学生が興味を持つようなものにほとんど関心がありませんでした。なぜかと言うと、いかに生きるべきかということをずっと考えていたからです。

高校の頃に、『きけ　わだつみのこえ』、『わがいのち月明に燃ゆ』などを読んでいました。いずれも戦争中に若くして命を散らした人の手記や記録です。

その壮絶で哀しい人生を知ると、人間いかに生きるべきか真剣に考える。すると、ファッションだの時計だの車だのといった、同世代が興味を持つことに関心が持てなくなっていたわけです。

さらに、私はテニス部という運動部にいましたから、その中でどう強くなるかに関心が向いていました。

そうなると、もう普段はジャージでいいということになる。べつにおしゃれして外を出歩こうなんて思わなくなってしまうわけです。

大学時代、私はバッグすら持っておらず、風呂敷に教科書やら何やらを包んで、肩にひっかけて通学していました。

あるとき、駒場東大前の駅で知らないオジサンが「兄ちゃん、なんだその風呂敷は？」と聞いてきました。「バッグの代わりです」と言うと、「何だ、バッグもないのか？　じゃ、これやるよ」と、持っていたバッグをくれました。「あ、どうも」と、そのバッグをずっと大学卒業まで使っていたという具合です。

まぁ、ちょっと極端と言いますか、バランスを少し欠いた学生だったかもしれません。おそらく今の方が、世の中に関心を持ってバランスを取った生き方をしていると思います。

ただし、おかげで世の中の動きに振り回されて自分を見失うということがありませんでした。学問でもスポーツでも、自分が興味のあることに集中していると、余計な雑音に悩まされることがなくなります。ある意味、ほかのことは諦めているという状態です。

そういう意味で、人生の目的や方向性がしっかりある人の方が、欲望を抑えた生き方ができるのではないかと思います。

60歳を過ぎると、若い頃よりは雑音に悩まされる度合いが少なくなるのではないでしょうか？　残された時間、自分の時間をどう使い、どう過ごすか？　絞り込まざるを得ない中で、より目的や方向性を定めやすくなると考えます。

周囲をシンプルにして、くよくよしない

物事の本質を見極めて明らかになっている状態、目的意識ややるべきことが明確で

ある状態というのは、簡単に言うとすべてがとてもシンプルであるということです。

逆に物事の本質が明らかでなく、目的意識もやるべきことも明確でない状態は、すべてが混とんとして乱雑であり、余計なことにいちいち悩まされてしまう状態だと言えます。

スッキリと整理整頓された部屋と、いろんなものが乱雑に散らかった部屋を想像してみましょう。整理整頓された部屋は気持ちがよく落ち着きます。散らかった部屋にいると、様々な夾雑物に目が行き、気持ちも悪く落ち着きが持てません。ちょっと部屋を歩こうにも、いろんなものにぶつかったり踏んづけたりして、ストレスを感じてしまう。

心の状態もまさに同じで、スッキリと心が整っている人は余計なものに躓《つまず》くことがありません。

だから何事にも捉われずに、物事がスムーズに進んでいきます。

心が整理整頓できておらず、混沌としている人は余計なものに躓き、停滞し、疲れてしまいます。

ですから、本来はそれほど難しくない問題が、大きな問題になったり、取り返しのつかない大事になったりします。
心がスッキリとシンプルな人から見ると、どうして不要な悩みや問題を自ら抱えてしまうのか、不思議に思うくらいでしょう。
現在の状況だけでなく、過去の出来事や、まだ先の未来のことに、いちいち思い悩んで無駄な労力を使ってしまうのです。

死ぬよりも前に、妄執を離れ、過去にこだわることなく、現在においてもくよくよと思いめぐらすことがないならば、かれは（未来に関しても）特に思いわずらうことがない。

（『ブッダのことば』849より）

余計なことにくよくよしてもしょうがない。くよくよするなとブッダは言うのです。
過ぎ去ったことにいつまでも捉われている人がいます。反省して次に生かすのであれば、くよくよとは違います。ところが反省して次に生かそうとしない人ほどくよくよ悩む。

悩むとは、問題解決ができていない状態です。頭と心が整理できておらず、混沌としているために、何からどう手を付けていいかが分からない。それが悩みや不安につながっていくのです。

過去のことを後悔したり思い悩むのではなく、反省し次に生かすことで一件落着、さっさと過去に流してやりましょう。

同じように未来を思い煩《わずら》い、不安になる人も同じです。今できること、やるべきことをやれば、あとは未来がどうなるかを思い悩む必要などありません。

人間にはコントロールできることと、できないことがあります。心が整理できていないと、コントロールできないことを思い煩うことになります。明日の天気がどうなるか？　雨予報だけど晴れて欲しいと、どんなに願っても、どうにかなるわけではありません。

その道理を見極めることも、一種の諦め（明らめ）でしょう。

心の断捨離とでも言えるかもしれません。大事なことを明らかにして、余計なものは捨てる（諦める）。

それによって心をスッキリと整理整頓させる。60代以降は、そのようにしてどんどん心を軽くしてやることが必要なのだと思います。

第3章

怒り、不安、孤独を遠ざけるコツ

――ネガティブ感情の手放し方――

怒り、不安、イライラをブッダはどう処理したか？

全ては移り変わるもの

初老というのは、どれくらいの年齢のことでしょうか？

もともとは40歳の異称でしたが、現在では60歳前後あたりからが初老ではないでしょうか。やはりここでも還暦を一つの区切りにしてもいいと思います。

この年齢、すなわち初老になると、総じて怒りっぽくなったり、イライラしたり、不安に襲われたりしがちです。ただでさえ頭が固くなっているところに、還暦を境にほとんどの人は、仕事やプライベートでの環境が大きく変わります。

その変化に対応できず、フラストレーションやストレスがたまる。それがイライラや怒りにつながっていく。

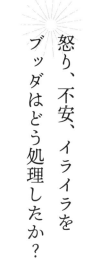

よく、偏屈な年寄りを「頑固ジジイ」と言いますね。心が頑なで頭が固いから、頑固。つまり自分の考え方に固執する人が、すぐイライラして怒りっぽくなるわけです。そのイライラや怒りが自分に向かってしまうと、自信を失ったり、自分を責めてふさぎ込んでしまう。

「初老性うつ」ということで、最近は特に注目されています。

その点、仏教は素晴らしい処方箋を与えてくれています。

仏教には皆さんご存じの「諸行無常」という言葉があります。

「一切の形成されたものは無常である」（諸行無常）と明らかな知慧をもって観るときに、ひとは苦しみから遠ざかり離れる。これこそ人が清らかになる道である。

（『真理のことば』277）

これは仏教の根本的な教えである三法印《さんぼういん》の教えの一つです。

・諸行無常　すべての行いも形のあるものも、流動変化していて、一瞬も同じところに留まることがないという真理。
・諸法無我　すべては因縁によって生じたもので、自分自身もそれらの関係性の中で生まれたものであり、実体はないという真理。
・涅槃寂静《ねはんじゃくじょう》　諸行無常と諸法無我を見極めることで、執着を失くし、涅槃という悟りの境地に至るという真理。

すべては移ろい変化してゆく。仕事で頑張ってきた自分も、50歳、60歳となるとやはり立場や役割が変わってくる。変化していくわけです。

それなのに、昔の元気な自分に執着したり、自分の考え方に執着するから変化に対応できず怒ったり、悩んだりするわけです。

これを最初に見極めて、この世の真理だとしたブッダは、やはり素晴らしい。

「しょせん、すべては諸行無常だからね」と言われて、「あ、確かにそうだ」と気づく。自分が執着し捉われていたものは、実は常に変化するもので、実体もないのだと目が覚めるわけです。

実際、精神的に疲れて調子が悪くなっている人ほど、何かに捉われ、執着していま
す。世の中はこうでなきゃいけない。人間はかくあるべし。もちろん生きていく上で
必要なこだわりでもありますが、同時にそれが絶対的なものではないということを
知っておく。すると気持ちが楽になるし、自由になります。

アインシュタインは物理法則としてそれまで絶対的だと考えられていた時間の流れ
も、実は相対的だということを発見しました。光の速さに近い速度で移動すると、止
まっているときよりも時間が長くなるのです。

ブッダはすでに約2500年前に、この世のあらゆるものが無常であり絶対ではな
いという、この世の理の「相対性理論」を打ち立てた偉人と言えるでしょう。

ちなみに、日本人はなんでも感情的に捉える傾向が強いので、無常観を無常「感」
に置き換えて解釈しがちです。この世は移ろいゆく、はかなくて虚しいものだと詠嘆

する。

ですが本来は無常「観」であり、永遠不変のものは一つとしてないという認識論なのです。その意味でブッダの無常観とは、世の中の真理を見極める哲学や科学に近いものだと言えます。

賢者に親しみ、尊敬すべき人を尊敬する

諸法無我とは、あらゆるものは関係性で成り立っているということです。

自分という存在も他者との関係性で初めて成り立つ。その意味でブッダが口を酸っぱくして言っているのが、愚者と交わらず賢者と交われということ。

自分を正しく保ち、心安らかに楽しく生きるためには、やはり自分よりも賢い人と交わりなさいとブッダは言っています。

ある時、ブッダを訪ねた神が「多くの神々と人間とは、幸福を望み、幸せを思っています。最上の幸福を説いてください」と聞きます。

ブッダの答えはこうです。

諸々の愚者に親しまないで、諸々の賢者に親しみ、尊敬すべき人々を尊敬すること、――これがこよなき幸せである。

(『ブッダのことば』259)

愚者というとなんだか言葉はきついように感じますが、たとえば人の悪口を言ったり、やたらと批判的、悲観的なことばかり言う人がいます。こういう人とお酒を飲んだりしていると、なんだかこちらもネガティブな気分になってしまいます。そういう人からは離れなさいと。

反対に賢者は、マイナスの言葉は使いません。知恵ある人とは少し話すだけでも楽しいものです。単に知識が豊富ということではなく、機知と機転に富んでいて、前向きです。一緒にいるだけでこちらが目を開かれ、心洗われる感じがする。エネルギーというか、良いオーラをもらうことができるのです。

そういう賢者と親しくなり交流ができれば、人生の宝となるでしょう。候補者を探して、親しむようにしてください。と言っても付きまとうのではなく、たまにでもいいので話ができる関係を作るということです。

尊敬すべき人を尊敬する。これも大事なことです。

60歳を過ぎると、もう人生のベテランの領域です。今さら尊敬したくなる人なんているだろうか？　尊敬なんて気恥ずかしい。そんな風に感じる人も多いかもしれません。

60歳はたしかにベテランですが、同時に干支が一周りして、元に戻る年でもある。生まれた干支に戻り、初心に帰る年でもあります。

若い頃の自分に戻った気持ちで、尊敬する人を見つけてみたらいかがでしょうか？

過去の偉人でもかまわない

あの人はダメだ、この人もダメだと言っているとだんだん心が苦しくなりますが、この人は尊敬できると素直に思える心は、とても穏やかで澄み切っていて、いい状態だと思います。

考えてみたら、子どもの頃はいろんなものに憧れましたね。テレビに出てくるヒーローはもちろん、親戚のお兄ちゃんやお姉ちゃん、近所のおじさんまで、すぐに憧れてその人を目で追ったりしていました。だから子供の目はいつもキラキラと輝いているのでしょう。

還暦で環境が変わるタイミングこそ、そんなキラキラとした心を取り戻すチャンスかもしれません。

それでも、どうしても周りに尊敬できる人がいなければ、どうしたらいいか？　心配は無用です。過去の先人たちに、いくらでも尊敬すべき人を求めることができるからです。

たとえば葛飾北斎の絵が好きで、高齢になっても芸術の道を突き進んだ一途な生き方を尊敬できるとすると、絵を観ているだけで自分の中にエネルギーが湧いてくる。気持ちが自然に洗われて前向きになります。

ゴッホっていいなと思う。生前はちっとも売れなかったけれど、ひたむきに真摯に自分の芸術を追い求めた。真似はできないけど、何かを学びたい。すると絵を観るだけで気持ちが高まります。

モーツァルトやシューベルトのように30代そこそこで亡くなったにもかかわらず、あれだけの膨大な名曲を残した。ベートーヴェンに至っては音楽家にとって命である聴覚を失ったのに、交響曲第9番のような人類史に残る人生讃歌を生み出しています。

ゲーテやドストエフスキーの文章を読むと、そこかしこに天才の輝きと、生きる知恵が散りばめられています。

そういう古典的作品に触れ、作者とその作品を師として学び尊敬する。人生の大先輩、偉大な才能ですから、目の肥えた60代が心酔しファンになったって誰もおかしいとは思いません。

先人を尊敬し私淑することで、彼らの輝きを自分のものにする。そんな時間があれば、初老性うつや「キレる老人」とは、自然と無縁になるはずです。

もう一つおすすめは、自分より若い人に尊敬の念を持つことです。将棋の藤井聡太さんは、将棋界の先輩たちからリスペクトされています。人間性と実力をあわせ持つ若い人たちをリスペクトすることで、心がやわらかくなります。

悪口は「口中の斧《おの》」——人を許すと後半生が輝く

学んで言葉を慎むことが幸せにつながる

ブッダは、幸せとはどういうことかを具体的に話します。

深い学識あり、技術を身につけ、身をつつしむことをよく学び、ことばがみごとであること——これがこよなき幸せである。

（『ブッダのことば』261）

学ぶことが幸せである、と言っています。

孔子の言葉にも同じような有名なものがあります。

「学びて時に之を習う。亦説《またよろこ》ばしからずや」ですね。『論語』全体が「学びのすすめ」です。学ぶことが人生の目的であり、人格の完成につながると孔子は考えています。

学ぶということ自体が、とても前向きな行為でしょう。一生懸命学ぶ人には、マイナスの悪魔的なものが入り込めない力があるように思います。

やるべきことが明確で、前を向き、真実や心理に近づきたいという真摯な思いがある。それらがプラスのオーラのバリアになってその人を包み、魔（＝ネガティブなもの）を寄せ付けない。学ぶことは、魔よけの「お札」のようなものかもしれません。

技術を学び身につけることも、こよなき幸せだと言います。職人の方々が静かな自信と誇りに溢れているのも、彼らが確固とした技術を持っているからでしょう。

一流の職人にお会いすると、自信はあるけれど尊大ではなく、芯はあるけれど頑なではない。落ち着いていて、しっかりと自己という島を持っている人が多いのです。

技術を身につけようと努力すること自体が、心の持ちようとしてすごくいい形ではないでしょうか。そして技術を身につけることで自信と自負が生まれる。同時にそれによって自分の可能性が広がり、自由度が広がる。

そこから職人独特の存在感、自信や明るさが生まれるのだと思います。

三苫選手にみる「学びと技術」

スポーツ選手も、同様のことが言えそうです。私はサッカーが好きでよく観るのですが、最近で言うとプレミアリーグで活躍している三苫薫選手などは、「学びと技術」を体現している典型でしょう。

三苫選手は、ドリブルの研究が大学の卒論テーマだったそうです。そこでドリブルの真髄を学び、その理論をもとにして今度は実際に体を動かしてそれを習得していく。まさにブッダが言う学びと技術の習得を実践したわけです。

その結果、イングランド代表のＤＦをキリキリ舞いさせる、三苫ドリブルが生まれた。それによって三苫選手のプレーヤーとしての自由度と可能性が高まった。

そういう「学びと技術」を見ている私たちも楽しい。日本人選手もいよいよ、世界のトップレベルのリーグで、ドリブルで突破しシュートを決める選手が出てきたかと、三苫選手がボールを持つたびにワクワクします。

三苫選手は、学びと技術によって自分自身を助けるだけでなく、世の中の人の喜びも増やしてくれている。幸せのオーラを周囲に輝かせるということで、三苫選手自体がブッダ的な存在だとも言えるわけです。


ただし、そんな華々しい才能の世界にいなくても、誰もがそれぞれに学び、技を習得することで輝くことができる。ブッダはそれを言いたかったのでしょう。

たとえばパソコンが好きだからと、様々なことを学び、ウェブサイトを自由に作れる最新技術を身につける。すると職場で認められて、何歳になっても仕事を任される。

自分は営業職で人と話をすることが好きだからと営業を極めることで、退職後も若手の指導をお願いされたり、小さな会社の営業部門を任されたりする。

これまでの自分の仕事に向き合い、その分野を極めることで輝きを増し、いくつになっても他者から必要とされる存在になる。それがこよなき幸せにつながる。

どんな世界であろうと、どんな分野であろうと、学びと技術の習得があるところに、マイナスの「魔」が入り込むことはないと思います。

言葉を慎むことで「魔」を寄せ付けない

ブッダは同時に、言葉を慎みなさいと再三再四言っています。

ことばがむらむらするのを、まもり落ち着けよ。ことばについて慎しんでおれ。語《ことば》による悪い行ないを捨てて、語によって善行を行なえ。

（『真理のことば』232）

好ましいことばのみを語れ。そのことばは人々に歓《よろこ》び迎えられる。つねに好ましいことばのみを語っているならば、それによって（ひとの）悪（意）を身に受けることがない。

（『感興のことば』第8章13）

最近は、相手を論破することがカッコいいかのような風潮があります。ネット上でも延々とお互い口を極めて相手を罵倒するやり取りがあります。どんどんエスカレートして、最後はただの個人攻撃、存在否定になっている。ああいうのを見ると、なんだか心が寒くなります。

人間の嫌な部分、邪悪な部分が全開になっていて、慎みも何もあったものではありません。汚い言葉、乱暴な言葉は相手を傷つけると同時に、自分も傷つけます。

ニーチェの「三つの段階」

たしかに人間が成長する段階では、周囲を否定してしまう時期もあります。思春期から青年期にかけて、自己を確立するために尖る時代がある。たとえば世の中の矛盾や不正に対して憤る若者が、ロックやラップのリズムで社会を批判するなどは典型的でしょう。

あるいは、全共闘などの学生運動がありました。その後の、尾崎豊さんの「卒業」という歌は、学校という大人が作ったシステムに対する、一つのレジスタンスです。

ニーチェは、人間には三つの段階があると言いました。

最初は「駱駝《らくだ》の時代」。ラクダが荷を負うように、大人に従い、世の中の義務をしっかりこなす時代です。

そこから少し成長し自我が目覚める頃になると、「獅子の時代」がやってきます。

これは自己を確立するために、権威や体制にノーを突き付ける時代です。思春期や青年期に親にやたらと反抗し自己主張するのもこの時代です。自立のためには必要な戦いの時期です。ちなみに最近の若者は、昔の若者に比べて大人しくなっているように感じます。

20年くらい前の学生の飲み会だと、酔っ払って意見を戦わせ、最後は喧嘩になってしまう。もちろん、それも若い日の一ページであり、後で笑い話になるのですが…。今の若い人はお酒を飲んでも、昔のようには言い争いをしません。その分、彼らは大人になっているのでしょうか。

私は、獅子の時代は獅子の時代として、ある程度自己主張し他人とセッションすることも、成長のためには必要ではないかと思っていますが、ともあれ獅子の時代は、自己を確立し独立するための、戦いと葛藤の時代なのです。

その獅子の時代の後にニーチェが持ってきたのが「子どもの時代」です。ここで人は再び子どもに還ります。それまで世界を否定していたのが、世の中を肯定し許容するようになる。同時にいろんなものから自由になって、軽やかに、遊びの中で真の自己を創造する時代です。

この時代になっても「獅子」から卒業できず、世の中に対して文句ばかり言って尖っているのは、ちょっとみっともない感じがします。

もちろん芸術など表現活動で、あえていくつになっても尖るというのはありでしょう。

ですが、一般的な社会人で、還暦を過ぎ壮年から老年へと向かう人が、いまだに職場や家庭で獅子のように尖っていたら、周囲から見たら煙たくて仕方ありません。

やはり、寛容の気持ち、人を許す気持ちが重要になります。批判精神が青年時代のものだとしたら、それなりに年をとったら許容精神が大事になってきます。

こんなところが良いね。あんなところが良いね、と良さを見つけて肯定する。

昔のものも良いけれど、今のものも良いねと認める。

どうしても気に入らないもの、なじめないものがあったら、黙っていればいい。

言葉を控えることが大事だということです。

言葉は「口の中の斧」のように自分を傷つける

悪い言葉は相手を傷つけるだけではありません。自分自身をも傷つけます。


人が生れたときには、実に口の中に斧が生じている。ひとは悪口を語って、その斧によって自分自身を斬るのである。

（『感興のことば』第8章2）


毀《そし》るべき人を誉《ほ》め、また誉むべき人を毀る者――かれは口によって悪運をかさね、その悪運のゆえに幸せを受けることができない。

（『感興のことば』第8章3）

口の中に斧があるという表現は面白いですね。人はその斧で人を斬ると同時に、自分自身も斬られている。

仏教は諸法無我を説いたと言いました。すべては因果と因縁によって巻き起こる。悪因苦果、善因楽果という言葉もあります。悪い行いは苦をもたらし、善い行いは楽をもたらす。

ですから、悪い言葉は苦となって自分に帰ってくる。悪い言葉が悪運となり、それが幸せを妨げる。それでますますひねくれて悪口を言い、さらに不運に見舞われる。マイナスのスパイラルに自ら落ちていくことになります。

逆にきれいな言葉、優しい言葉を心がけていれば、善因楽果で良いこと、楽しいことが起きる。

きれいな言葉を使っていれば、人に恨まれることもありません。

優しい言葉を使っていれば、なんだか癒されると人が寄ってくる。不思議なもので言葉遣いを丁寧にするだけで、気持ちが穏やかに鎮まっていきます。

心理学の実験で、怒りを覚えたときに汚い言葉を使った場合と、使わなかった場合では、使った場合の方がより怒りが増すことが確かめられたそうです。

反対に、怒りを冷静な言葉で表現すると、心も落ち着いてくる。

ブッダはそのことをよく知っていたのだと思います。

孤独を楽しむセンスを養う

その境地を楽しめることが大事

ブッダは、修行のためには、とにかく孤独が大事だと説きました。

仲間の中におれば、休むにも、立つにも、行くにも、旅するにも、つねにひとに呼びかけられる。他人に従属しない独立自由をめざして、犀《さい》の角のようにただ独り歩め。

（『ブッダのことば』40）

仲間の中におれば、遊戯と歓楽とがある。また子らに対する情愛は甚《はなは》だ大である。愛しき者と別れることを厭《いと》いながらも、犀の角のようにただ独り歩め。

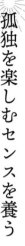

自分の心を豊かにし、穏やかにするためには一人の時間が必要です。ブッダは瞑想などの修行をするために孤独を勧めました。
（同41）

私たちは修行僧ではない俗世の人間ですが、やはり一人の時間が大事だと思います。読書も、絵画や音楽などの芸術に親しむことも、一人の時間があればこそ、ゆっくりと楽しむことができます。

その時間に自分自身を振り返る。そういう一人の時間がまず大事だということです。その中で諸行無常や諸法無我といった仏教の本質を改めて考えてみる。

すると世の中がまた違って見えてくるはずです。喧噪と雑踏の中では気が付かなかったことが、孤独の時間を通じて見えてくるわけです。

ただし、ブッダは友達が不要であるとは言っていません。

われらは実に朋友を得る幸《しあわせ》を讃《ほ》め称《たた》える。自分よりも勝《すぐ》れあるいは等しい朋友には、親しみ近づくべきである。このような朋友を得ることができなければ、罪《つみ》過《とが》のない生活を楽しんで、犀の角のようにただ独り歩め。

（同47）

友達が悪いと言ってはいないのですね。自分より優れた資質があり、志を同じくする友達ならば親しみ近づくべきだと言っています。

自分より下の人間と交わるくらいならば、孤独を貫き通せと言っているのです。

孤独の中で自分をととのえる習慣をつける

私も、若い頃から瞑想をすることが習慣にしていました。テニスをやっていて、どうしても大きな大会、強い相手とやるときになると、ふだんの自分の力が発揮できなくなる。なんとかして平常心で試合に挑むにはどうしたらいいかを考えて、瞑想することにしたのです。

丹田呼吸法を研究し、息を長く吐くことで落ち着く方法を練習しました。

その結果として、強い相手であっても以前のように動揺することが明らかになくなりました。比較的平常心で向き合うことができるようになったのです。

これは何も瞑想でなくてもいいと思います。リラックスして「無心」を感じられる時間を大切にする。

たとえばお風呂に入った瞬間、それまでざわついていた心がスーッと鎮まる瞬間があります。

あるいは美しい夕焼けや、朝のまぶしい光を浴びた瞬間にそれを感じる人もいるでしょう。

心に染みる音楽を聴いたり、絵画を鑑賞している瞬間にそれを感じることがあるかもしれません。

あるいは、犬をなでたり、植物をいつくしむ。

こういう瞬間に、他者は存在しません。親しい家族、親兄弟でさえもそこにはいない。あるのは向き合っている自分と対象だけ。それは確かに孤独な瞬間ですが、人生で最も豊かな瞬間でもあります。

孤独の豊かさを感じることができれば、おのずと上機嫌になると思います。豊かな時間を持てている満足感があれば、それは表情にも態度にも、言葉遣いにも表れてきます。

孤独を豊かに楽しんでいる人に、「初老性うつ」が入り込む余地はど、もはやなくなるはずです。

第4章

豊かな出会いが増える「人の見抜き方」

――引きずった悪縁を断ち良縁を得る秘訣――

「怨憎会苦」は少なくできる

夫婦の縁も移ろいゆくもの

ブッダが説いた人間の苦しみである四苦八苦の中に、「怨憎会苦」があります。怨み、憎んでいる相手と一緒にいる苦しみです。これは熟年夫婦にはリアルな苦しみでもあるかもしれません。

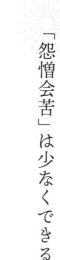

かつては、女性が経済力を持たないケースが多かったので、夫のＤＶなどでどんなに心が離れていても、別れることが難しかった。ところがいまや女性も経済力を男性並みにつけてきていますから、無理に我慢する必要がありません。

厚生労働省の調べによると、２０２０年の離婚件数は19万３２５３件で、そのうち熟年夫婦（同居年数20年以上）の離婚は21・５パーセント。統計のある１９４７年以来、過去最高となったそうです。

また、婚姻率と併せて計算すると、実に3組に1組が離婚していることになるそうです。もはや離婚は珍しくも何ともない時代になりました。

仏教的には諸行無常が理なのですから、夫婦の間もまた移り変わるものだと言えるでしょう。子どもが育って自立すれば、親としての責任は全うしたことになります。後は、夫婦という関係を続けるのが良いのか、悪いのか？

怨憎会苦という言葉の如く、もはや顔を見るのも、同じ空間で息をしているのも苦痛となれば、すっきりさっぱりと夫婦の関係を切ってしまうのも人生の選択肢でしょう。

お互いに悪縁に引きずられ、その後の人生を台無しにするくらいなら、離婚した方がお互いのためとも言えます。

憎んだ挙句に、妻が夫のベッドに火をつけて、息子も焼死してしまったという痛ましい事件がありました。

どうしてそうなってしまうまで一緒にいるのか？　生活保護があるのですから、収入がなくても何とか生きる術はあるはず。夫どころか我が子まで殺してしまう悲惨な結末になるくらいなら、もっと他の手段があったはずです。

嫌な相手はうまく避ける

夫婦という近しい関係でなくても、どうしても苦手な相手はいるものです。

上司や部下という関係になると、お互いが嫌がっていても、異動がなければ離れることができません。大変な精神的な苦痛になります。性質《たち》の悪い人も中にはいます。


戦場の象が、射られた矢にあたっても堪え忍ぶように、われはそしりを忍ぼう。

多くの人は性質《たち》が悪いからである。

（『真理のことば』320）

ところが60歳を過ぎて、仕事にそれほど責任がなくなれば、今までのような我慢を続ける必要もなくなります。まして定年退職したら、もう苦手な相手と無理に顔を突き合わせる必要もありません。

考えてみますと、毎日毎日、一斉に決まった時間に決まった場所に集まり、顔を突き合わせて仕事をするというのは、歴史的に見ると近代以降の特異な形態のように思います。

それまでの農村の生活は、それほど全体的なものではなかったはずです。産業革命が起き、機械工業が誕生し、工場労働者が生まれて、また会社というシステムが発達し、一斉に出勤する勤務形態が固まった。その延長が、今の会社の勤務形態だと言えます。

その点、最近はフレックスタイム制で勤務時間が流動的になり、いまや新型コロナの影響でリモートでの自宅での勤務も日常的になりました。

雇用形態も、終身雇用は過去のものとなり、生涯に2回、3回の転職は当たり前の時代です。また正社員だけではなく派遣労働なども広まり、かつてに比べてはるかに人材の流動性が高まりました。以前に比べて、職場は固定的な場所ではなくなりました。どんなに嫌な上司がいても四六時中我慢を強いられていた環境とは変わってきました。怨憎会苦の苦しみが少しは緩和しつつある時代と言えるでしょう。

そういう意味で、還暦以降、特に退職後は一気に自由度が高まる時代と言えます。嫌な人がいる飲み会なら参加しなければいい。逆に一緒にいて居心地がいい人とだけ交わればいいのです。

若いうちならば、多少好き嫌いはあっても、自分の成長のため、仕事のためにあえて無理して付き合いを続けるという意味がありました。しかし還暦を過ぎた人であれば、もはやこれ以上我慢して関係を続けたり、広げたりする必要もありません。


愚人とともに歩む人は長い道のりにわたって憂いがある。愚人と共に住むのは、つねにつらいことである。――仇敵とともに住むように。

心ある人と共に住むのは楽しい。――親族に出会うように。（『真理のことば』207）

怨憎会苦を避け、ストレスをできる限り抱えないようにする。苦手な相手は上手にスルーすればいいのです。

付き合ってはいけない人の条件

友とするに悪しき者とは？

60歳を過ぎたら、自ずと人間関係が絞り込まれてきます。

これまでは仕事の付き合いもあり断り切れなかった縁も含めて、一度人間関係の仕分けをする時期でもあります。残された時間はそれほど多くはありません。人生を有意義にするためにも、付き合いを整理することをお勧めします。

ブッダも、友達を選ぶべきだと口を酸っぱくして再三説いています。


悪い友と交わるな。卑しい人と交わるな。善い友と交われ。尊い人と交われ。

（『真理のことば』78）

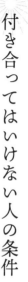

学識ゆたかで真理をわきまえ、高邁・明敏な友と交われ。

(『ブッダのことば』58より)

兼好法師は、有名な『徒然草』で、悪い友と良い友を次のように定義しています。

友とするにわろき者、七つあり。一つには、高くやんごとなき人。二つには、若き人。三つには、病なく、身強き人。四つには、酒を好む人。五つには、猛く、勇める兵《つはもの》。六つには、虚言《そらごと》する人。七つには、欲深き人。よき友三つあり。一つには、物くるる友。二つには、医師《くすし》。三つには、智恵ある友。

(『徒然草』第117段)

「高く、やんごとなき人」とは身分が高く高貴な人です。一見良さそうですが、身分が高いからといって人格的に高いとは限りません。むしろ地位を鼻にかけ、マウントを取ろうとして嫌われている人も多いのではないでしょうか？

若い人、病気一つしたことのない元気な人、猛々しい兵士が、なぜ悪い友か分かりますね。自分が元気で勢いがある人は、人の弱さやつらさ、苦しみに鈍感です。そういう人と一緒にいると疲れてしまいます。

嘘をつく人は論外ですし、欲深い人は利害関係で近づいてくるので、本当の意味での交友ができません。酒好きな人は付き合いが良さそうですが、ついつい相手のペースに乗せられて深酒し、生活のペースを狂わされがちです。

兼好が『徒然草』をまとめた年代は諸説あり、最近は50歳くらいから書き始めたものを、60代後半の晩年にまとめたという説が有力になっています。ちょうど60代の私たちとほぼ同じ年齢で感じたこと、思ったことを徒然なるままに書いた作品です。

ですから、友達も元気いっぱいで活力旺盛な人は、年齢としても合わないわけです。もう少し落ち着いた、知恵のある人が友として好ましい。

良き友の最初に、物をくれる友というのが面白いですね。兼好特有のユーモアのセンスも光っています。たしかに物をもらうと嬉しい。

同じように医者というのも、老齢に差し掛かれば特に力強い味方となります。現実的ですが、なるほどと頷けます。

そして最後に、知恵のある人を挙げています。

やはりそう来ましたか、という感じです。ブッダは、まさに同じことを繰り返し言っていますね。

ブッダの時代、兼好の時代、私たちの時代、それぞれ年代も時代背景も全く異なりますが、悪しき友と良き友の区分けは、共通する部分があると思います。

私自身は、ありがたいことに友人には恵まれたという実感があります。

皆性格が穏やかで、教養があり、怒ったり気持ちが揺れたりすることがほとんどないのです。

こういう友人とはしょっちゅう会う必要はありません。年に1～2回会って、ちょっと話をするだけで、心楽しくなる。数は少なくてもいい。一人でも二人でも、こんな友達がいたら、人生の宝と言えるのではないでしょうか。

縁は生まれて消えて、また生じるもの

「縁起がいい」とか「縁起を担ぐ」とか、縁起という言葉を私たちはよく使います。

仏教的に言うと、縁起とは因果関係のつながりのことを指します。何かしらの原因があって、その結果が生じている。

逆に言えば、いま起きていることには、すべて何かしらの原因があるということです。人間関係も縁だと言いますね。「何かのご縁ですから」と、関係性を確かめるときに使います。

「袖振り合うも他生の縁」という言葉がありますが、道を歩いていて、すれ違う瞬間に袖がパサリと触れ合う。そんなちょっとしたことも、前世での何かしらの縁があったからだという意味です。

孤独な時間も大事ですが、友人関係や家族などとの人間関係もまた、自分にとって大事なものです。ブッダ自身も言っています。

事がおこったときに、友だちのあるのは楽しい。

（『真理のことば』331より）

ただし、縁起もまた諸行無常であることには変わりありません。人間の関係性も時間とともに変わっていきます。愛し合った男女でも、結婚して子供ができ、互いに変化し影響し合う中で関係性が変わってきます。

相手が悩んでいる時に冷たくあしらったなど、一見些細な言動も、それらが新たな縁（＝原因）となり、10年後、20年後に起（＝結果）となって顕在化し、二人の関係性がすっかり変わってしまう。

良縁で始まったものも、悪縁に変わってしまう。夫婦のすれ違いも、縁起の法則に当てはめると、あり得ることだと納得できたりします。

大事なことは、縁を大切にしつつも、縁に執着しないことです。

生まれる縁もあれば、消えていく縁もある。それらを含めて、諸行無常、諸法無我と考えて受け入れる。

手放す縁があると、不思議に新しい縁が飛び込んでくる。

えてして女性の方が離婚してから元気で、早々に新しいパートナーを見つけたりするのも、女性の方が執着せず生きている証かもしれません。

とはいえ、「これも縁だから」「縁あって出会ったのだから」とおだやかに現実に対処していき、縁を大切にするのも豊かな生き方でしょう。

ブッダ自身も、多くの人と豊かな出会いをしています。

60歳以降は、時間に余裕ができるので、あらたな友だちもできやすいとも言えます。「縁」という考え方で、しなやかに人間関係を築いていくのもブッダ的かと思います。

いつも上機嫌でいると、新しい縁が生まれる

「不機嫌は罪である」と心得る

気がつくと、「あーくたびれた」と声に出して言っているときがあります。

これは前頭葉の働きが落ちて、自己認知力が衰えていることの証拠だそうです。ＮＨＫの「チコちゃんに叱られる！」で放映していました。

ちなみに、ダジャレを思いついたら所かまわず言ってしまうのも、自己認知力の衰えだとか。皆さんは思い当たるところがありませんか？

自分を客観的に捉えることができなくなるというのが、自己認知力の欠如の現れです。一番極端なケースが、やたらと店員などにキレまくっている怒りモードのオジサンたちです。怒りで自分自身も周囲も見えなくなってしまっているわけです。

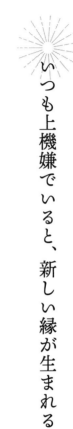

「初老性キレキレ症」と私は呼んでいますが、シェークスピアの『リア王』は典型です。娘たちの親不孝に対して、嵐のように怒りまくります。その結果、どんどん自分自身を追い詰めていきます。

やはり歳をとるほどに、意識して不機嫌になるのを避け、上機嫌でいることを心がけるくらいでちょうどバランスが取れるのではないでしょうか。

特に50代以上の男性は、黙っていても不機嫌に見えてしまうのです。

仕事柄、講演に呼ばれることも多いのですが、聴き手が50歳以上の男性ばかりのことがあります。女性が多い場合と比べると重い雰囲気です。

まず、私が何を話しても、基本的に表情が変わりません。おそらくそれほど不機嫌ではないはずですが、無表情の50代以上の男性は、だいたい口がへの字に曲がっていて、真剣であるほど怒っているように見えるのです。

そんな雰囲気を柔らかくしようと、

「皆さん、本日は高額なチケットにもかかわらず、ご来場ありがとうございます」

と言う。実は無料講演なので冗談で言っているのに、シーンとして誰も笑わない。同じことを、女性の多い講演会で言うと、実に反応が良いんですね。

この違いは何なのか？　男女でも、小学生は男子の方が元気で反応が良い。大学生までは男女の差はさほどありません。

やはりビジネス社会で男性はすっかり心と頭と体が冷え、固まってしまうのかもしれません。

一方の女性はというと、50代でも総じて明るく元気で、その差は歴然です。

そもそも女性は20代でも40代でも60代でも、反応の差があまりありません。不機嫌そうに見えるということもない。コミュニケーション能力が高いうえ、そもそも気持ちが柔軟なのだと思います。

ですから、会場が50代以上の男性ばかりのときは、あえて立って体操をしてもらうこともあります。体がほぐれると気持ちも柔らかくなります。すると表情が変わり、声も出るようになります。

私が背負った「いつも上機嫌」の十字架

私自身も、『上機嫌の作法』や『不機嫌は罪である』という本を書いている手前もあり、いつも上機嫌を心がけています。少しでも不機嫌に見えると「先生、いつも上機嫌でいると言ってるのは嘘なんですか？」と責められかねません（これはこれで大変な、言わば「常に上機嫌でいなければならない」という名の十字架を背負ったかのようなプレッシャーなのですが）。

ですから、昔は学生に対してあえて厳しい言葉でハッパをかけたりしましたが、今はほとんど怒らなくなりました。

「先生は1回もダメ出しや否定をしませんでしたね」と、卒業式のときに学生に言われることがあります。こういうことがあると、十字架なんて何のその、ますます上機嫌でいようと思います。

読者の皆さんは、私のようなプレッシャーはないにしても、上機嫌を意識されることをお勧めします。

「きょう一日、いろいろあったけどイライラしたりピリピリせず、上機嫌でいられた」という夜に、手帳に「ニコニコマーク」を記入するといった習慣も良いと思います。

そんな女子高生みたいなことできない？　いいじゃないですか、誰も読まないのですから。方法は何でもいいので、上機嫌を習慣にしていれば、不思議と自分を取り巻く空気感が軽やかなものに変わってくるはずです。

不機嫌な人に、人は魅力を感じません。避けられて終わりです。

上機嫌な人は魅力的で、自然に人が寄ってきます。だからコミュニケーション能力がさらに高まり、良いスパイラルが生まれます。

ぜひ皆さんも「不機嫌は罪」と心得、上機嫌を心がけてください。

「流す」ことで心身をデトックスする

心と頭を柔らかくするには、体を動かすと同時に、体内の血液やリンパなどの液体の流れを良くするのもポイントです。

シャワーだけでなく、しっかり湯船に浸かる。たまにはマッサージを受けて、滞りをなくして体液の流れを良くする。

流れることで、すべての生命が育まれていると言っても過言ではありません。植物が生い茂り、動物が生きていけるのは、水の循環があるからこそです。海の水が雲になり、陸地に注ぎ、それが河となって再び海に注ぎ込む。この水の永遠の循環という「流れ」の中で、あらゆる生命が育まれています。

そのように「流れ」というものを捉えると、体液も滞らせることなく自然に流してあげることが大事だと分かります。

ところが60歳を過ぎると、血管も何も、脂肪やら何やらで詰まりがちです。血液もリンパも、気も、すべてが滞っている状態なのです。

意識して、それらの詰まりを除き、流す。

深呼吸してきれいな空気を取り入れ、肩甲骨をはがして、柔らかくする。

わきの下、股関節、耳、あちこちにツボがあります。頭の百会《ひゃくえ》や手の合谷《ごうこく》のツボを押す。するとスッキリします。わきの下などをさすると血液やリンパ液など体の中の液体が、「あぁ、流れる流れる」と実感します。

流れる、循環するというイメージは、仏教の教えにも共通しています。「諸行無常」などは、まさにあらゆるものは変化していく、流れ去っていくイメージです。

有名な鴨長明の『方丈記』にある、

「ゆく河の流れは絶えずして、しかももとの水にあらず。よどみに浮ぶうたかたは、かつ消え、かつ結びて、久しくとどまりたるためしなし」

は、まさにそんな「流れ」と無常観を結び付けた名文です。

「行雲流水《こううんりゅうすい》」という言葉も、私の大好きな言葉の一つです。

11世紀後半、中国の宗で活躍した蘇軾《そしょく》という詩人の言葉です。

もともとは文章術として書かれたもので、筆の流れに任せて自然に書いた文章が最上だという意味です。

ですが四字熟語として、その後は雲や水の流れのように、物事に執着せず成り行きに任せて自然体で行動するという意味となっています。

流れをせき止めず、流れに任せる。物事に執着して流れに逆らうから、つらくなったり苦しくなったりする。「流してやる」という考え方がポイントだと思います。

流すことで良縁を手に入れる

流すことで、心も体もスッキリします。

スッキリすれば上機嫌になります。

すると「初老性キレキレ症」とも無縁の穏やかな大人でいることができます。

そして心身が柔らかくなるので、他人に対してオープンマインドになれます。

不思議なもので、そうなると新しい縁が舞い込んでくるわけです。

まず、気持ちが積極的になりますから、趣味のサークルや読書会や勉強会に顔を出してみようかという気持ちになります。

これまで自由に使える時間は少なかったはずです。定年後は、それこそ自由な時間がたくさんあるのですから、いよいよ自分の好きなことに時間を使えばいい。

同好の士の集まり、前向きな人たちの集まりからは、良縁が生まれやすいものです。

私も大学で少人数の授業を担当していると、毎年何組かカップルが誕生します。めでたく結婚し、子どもができた人たちもいます。

興味を同じくし、一緒に学ぶ。プラスのオーラで溢れる場での出会いというのは、良縁となる確率は格段に高いと言えます。

孤独を推奨しているブッダも、孤独の中にいたわけではありません。弟子や取り巻きたちにいつも囲まれていました。イエスも大変に強い性格の持ち主でしたが、十二使徒をはじめ、多くの人に囲まれていました。

宗教に限らず、趣味でもサークルでも、同好の士、同志、友達は、人生においてとても力強い支えになります。

60歳を過ぎたら、とにかく良い縁を作ることを心がけましょう。

すでに人を見極める目は持っているはずです。この人とはあまり一緒にいたくないと思えば、無理に関係を持つ必要などありません。

この人は面白い、一緒にいて楽しい。信頼できるという人と縁を結び、より豊かな時間を増やしてほしいと思います。

第5章

いばらず媚びず、年下と関わる

――「嫌われない60代」の共通点――

「上から目線」を卒業する

若い人には「嫌われない」が一番

60歳を過ぎると、会社内ではほぼ全員が年下となります。

役職定年前の組織では、年長者として、役職の付いた上司として君臨していたかもしれませんが、役職定年後あるいは雇用延長後は、これまでのような肩書がなくなります。

立場が変わり、以前のような力を持たない状態にもかかわらず、若い人に対して以前とまったく向き合い方が変わらない人がいます。

かつては確かに直属の部下だったかもしれませんが、今や残念ながら向こうの方が第一線として立場も役職も上になっている。これも諸行無常、移り変わるのが理だと知れば、かつての栄光やプライドにしがみつくなど実に空しいことだと理解できるはずです。

関係性が変わったなら、付き合い方も変わって当然でしょう。呼び捨てにしたり、相変わらず上司のように上から目線で高圧的な態度を取っていたら、嫌われるに決まっています。

雇用延長により、かつての上司が自分の組織の一員として残っている。それだけでも元部下としては実にストレスがたまるものです。ブッダ的な生き方としては、立場をわきまえて、元部下たちが仕事をしやすいように、身を引くところは引く。出しゃばらないことが肝要です。

完全に会社を定年退職し引退した人たちも、若い人たちとの接触は意外に多くなると思います。

先ほどお話しした趣味のサークル活動でも、読書会や勉強会でも、ときには学生など、会社にいたとき以上に年の離れた若者と付き合う機会が生まれます。

基本はまったく同じで、年長者だからといって上から目線で威張らないことです。そんなつもりなど全くないという人でも、若い人にとっては60歳をすぎたら存在自体がパワハラ的なのだと認識するくらいでちょうどいいのです。

アンガーマネジメントが大切

電話での応対、店先での対応、病院などでのやり取り……年を重ねるほど、相手との年齢差が大きいケースが増えます。

すると、えてして相手の言動に未熟さを感じてしまう。若い人の言葉遣いや対応など、いろいろ気になってイライラしたり、怒りに駆られる場面が増えるように思います。

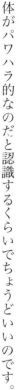

敬語を正しく使えていない、こちらはただでさえ耳が遠いのに、声が小さくて聞き取れない。よく分からない横文字で説明する……。突っ込みどころ満載で、数え上げればきりがありません。一つひとつに怒っていたら、それこそクレーマーになってしまいそうです。

できるだけ、穏やかで上機嫌な60代でいたいものです。それには、相手を変えるよりも自分が変わった方がはるかに効率的で、早いのです。

怒りから離れた穏やかな性格になるには？

怒りをコントロールする「アンガーマネジメント」というものが注目されています。

怒りを覚えたら、６秒間は一切反応せず我慢する。

怒りの衝動は６秒を過ぎると一気に冷めるので、この「魔の６秒間」をしのぎ切る。

実は仏教は、すでに約２５００年前にアンガーマネジメントを提唱していたと言えるほど、怒りをコントロールする大切さを説いています。


怒りを捨てよ。慢心を除き去れ。いかなる束縛をも超越せよ。名称と形態とにこだわらず、無一物となった者は、苦悩に追われることがない。（『真理のことば』221）

怒らないことによって怒りにうち勝て。（同223より）

怒りは慢心の現れ

若者に対してつい怒ってしまうのは、どこかに自分は年長者でものをよく知っているとか、正しいという「慢心」があるように思います。相手が自分よりも下だと思い込む慢心。それが怒りの言動となって現れます。

そこは虚心坦懐に、年を重ねているからこそ「威張らない」「怒らない」と決める。「自分は慢心オヤジにはならないぞ」と戒める。

目くじらを立てて怒っている自分を想像し、「この間、コンビニで若い女性店員に怒って叱りつけてるオジサンがいたな。自分はああはならないぞ」と決めるのです。

他人の過失を探し求め、つねに怒りたける人は、煩悩の汚れが増大する。かれは煩悩の汚れの消滅から遠く隔っている。

（『真理のことば』253）

では若い人とどう向き合うか？

複雑に考える必要はありません。まず言葉を慎み、普段から丁寧で優しい言葉で話すように心がけるのです。

言葉遣いから変えていきましょう。

年下でも「○○さん」と、さん付けするのです。

言葉遣いが丁寧になると、不思議とだんだん心も穏やかに紳士的になります。

「○○さん、これやってみてください」、「お願いします」と、丁寧語で話す。

丁寧語というのは、私も学生たちに使っていますが、とても便利な言葉です。

感情を抑え、自分をコントロールしている感覚があります。それが相手に伝わり信頼感や安心感につながるのです。

私はここ30年、18歳から20代前半の若い学生とずっと一緒です。常に相手は年下ですが、年を重ねてますます学生に丁寧に優しく語るようになっている自分に気づくことがあります。

授業を休んだ学生にも、厳しい言葉は一切使いません。

「どうしたの？　この日休んだのは何かあったの？」

ごく自然に普通の感じで話しかける。すると、「先生、実は就活でどうしても出られませんでした」、「具合が悪くてどうしても行けませんでした」と返ってきます。

「なんで出てこないんだ！」と厳しく問い詰めたら、今の学生は一瞬で心を閉ざしてしまいます。

今も昔も組織の本質は変わっていない

私と同世代の、ある大学病院の先生が仰っていました。

「自分たちが若い頃は、お前そんなんじゃダメだとか、医者なんてやめちまえぐらいの勢いで、当時の50代や60代の先生から罵倒されてきた。それがある意味、自分の訓練にもなった。でも、自分がその年代になったら、すぐにパワハラだ何だと言われる。割に合わない世代だよ俺たちは」

確かにその通りなんです。自分たちがやられたように、下にやることはできない時代です。

ですが、それもよく考えると、要は言葉遣い、言い方ひとつだということです。

どんなに時代が変わっても、やはり組織の中では基本的に上意下達、秩序が第一です。それを昔は「お前、ちゃんとやっておけよ」とか「なんでできないんだ！」などと、キツイ言葉で下に伝えるのが当たり前でした。

今は時代が変わって、丁寧な言葉で伝えなければいけない時代になりました。

「しっかりチェックするようお願いしますね」

「どういう経緯で、こうなったの？」

荒々しい言葉はパワハラになるので、このように丁寧で優しい言葉に翻訳するということです。

しかし、考えてみれば、上司と部下の関係性はほとんど変わっていません。

昔も今も、上司の命令に部下が従うのは組織のルールなのです。むしろ最近の若い人たちの方が、昔の若者よりも真面目で、言われたことをしっかりこなそうという意識が強いようです。昔の若者の方が、上司に指示されても陰で舌を出して従わなかったり、ちゃっかりさぼったりしていたのではないでしょうか？

私の感覚では、年々若い人はマナーが良くなっていると感じます。時代の基準は変わっています。中高年の「普通」は、自制心のない行動に見えるかもしれません。

走る車をおさえるようにむらむらと起る怒りをおさえる人――かれをわれは〈御者〉とよぶ。他の人はただ手綱《たづな》を手にしているだけである。（〈御者〉とよぶにはふさわしくない。）

（『真理のことば』222）

ブッダは自分の手綱を自分でしっかりと握れ、自分をコントロールするように、と言います。

暴れ出す馬が自分の感情だとしたら、本当の自己とはその暴れ馬をコントロールする御者です。

怒りという感情を御して、自分が自己の主人になるべきだというわけです。

慈悲の心で後進を育てる

若者には慈しみの気持ちで

ビジネス社会という競争原理の中で生きているときは、なかなか他者に対して優しくなるのは難しかったかもしれません。
しかし60代になって、その激しい渦から一歩身を引くことができたら、他者、特に若い人たちに対しての慈しみの気持ちも大切になると思います。

あたかも、母が己《おの》が独《ひと》り子を命を賭けても護《まも》るように、そのように一切の生きとし生けるものどもに対しても、無量の（慈《いつく》しみの）こころを起すべし。

（『ブッダのことば』149）

すべての生きとし生けるものに無量の慈しみの心で臨むべきだと、ブッダは言うのです。

ちなみに後の大乗仏教の経典で「慈悲」という言葉が出てきます。「慈」とは相手に対して楽を与えること（与楽）であり、「悲」とは相手の苦しみを取り除くこと（抜苦）と言われています。

もしあなたが引退して、比較的自由で余裕のある生活を送ることができるのであればなおのこと、60代からは慈悲の心で若い人に向き合ってみてはどうでしょうか？

彼らが何か悩んでいたら相談に乗る（抜苦）。
お酒を飲むときにはお金を出してあげる（与楽）。

その他様々な形でサポートや支援をして、若い人の成長に力を貸すのです。
たとえばサークル活動や趣味の活動、勉強会や講座などで知り合う若者たちもいるでしょう。そういう人たちに慈悲の心を意識しながら向き合う。

残りの時間を自分の幸福と満足だけに使うのは、なんだかもったいない気がします。後進を育てる。自分の得た知見を次世代に伝える。これからの世代のために、何かを残すという意識で、ぜひブッダの慈悲の心を思い起こしてほしいと思います。

「後世畏るべし」

「最近の若い奴は」というのは、いつの時代も年長者の口癖です。

たしかに経験値はまだまだだし、なんだか頼りなく見えてくるかもしれません。

しかし、広く世の中を見渡してみると、実は若い人たちの方が、どんどん昔の世代を追い越している現実があります。

かの孔子が残した言葉に、

「後世畏《こうせいおそ》るべし」

というものがあります。自分たちの後の世代は、どれだけ成長するか分からない。

その可能性は計り知れないから、畏れるべきであるというのです。

さすが孔子だけあって、「最近の若い奴は……」なんて安易に口に出すことはありません。その逆で、若い人ほど侮れないぞと言っているのです。

たとえばスポーツの世界などは典型的でしょう。

2022年11月、サッカーのワールドカップが開催されました。日本はドイツ、スペインと同じ組で、まず予選突破は無理だと誰もが諦めかけていました。

ところがフタを開けてみれば、コスタリカには負けたものの、ドイツとスペインに2対1で逆転勝ちし、なんと予選1位通過を果たしました。

堂安律選手や三笘薫選手などの新しいタレントが躍動し、日本サッカーも大きく前進しました。明らかに若い世代には才能のある選手が増え、強くなっています。

野球では、先に触れた二刀流の大谷翔平選手がメジャーで大活躍し、ベーブルースの記録を塗り替えました。

国内でも、王貞治選手の55本の記録を超える日本人のホームランバッターは出ないと思われていましたが、村上宗隆選手が56本のホームランを放ち、日本人として初めて記録を塗り替えました。

ボクシングの井上尚弥選手は、アジア人初の4団体統一王者となり、世界で最も権威あると言われるアメリカのボクシング専門誌「ザ・リング」のパウンド・フォー・パウンドランキングで、日本人として初めて1位の評価を得ました。

彼らを見ていると、とても「最近の若い奴は……」なんて言えません。

後世畏るべし、まさにピッタリではないでしょうか。

スポーツだけではなく、あらゆる分野において、「後生畏るべし」という視点で若者に接すると、若い人との関係性も自ずと変わってくると思います。

絶妙の距離感を保つことでより良い関係に！

若い人ほどブッダ的？

かつて、ラフカディオ・ハーンは、日本人の自己コントロール力を「微笑」に見出しました。彼の文章に『日本人の微笑』というものがあります。

日本人は自分の不幸さえも微笑みを湛《たた》えて語る。西洋人からは、日本人はちょっと精神的、情緒的におかしいのではないかと見えました。

ハーンはそんな西洋人の見方を一蹴し、日本人の微笑は洗練された作法なのだと喝破します。自分の悲しみを他に伝染させない奥ゆかしい配慮であり、ある種の優しさでもあるというわけです。相手の気をわずらわせないように、自己を押し殺しても礼節を守ろうとする作法が、日本人の微笑にはあるということです。

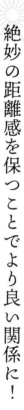

芥川龍之介の小説に『手巾《ハンケチ》』があります。

ある大学教授の下に、教え子の母親が訪ねてきます。

実はその教え子は、腹膜炎にかかって死んでしまった。その報告と、これまでのお礼に来たわけです。ところが、経過を話している母親は微笑を浮かべ、涙も見せず、まるで他人事のように息子の死を報告している。しかし、ふと手元を見ると、激しく震えながらハンケチを握りしめているのが見えた。


まさにハーンの言う、洗練された作法でしょう。息子の死という、親にとって最も過酷な状況でも、自分の感情を表すことなく、しっかりコントロールしている。

感情に流されず自己を保つ。まさにブッダの教えを体現した姿ではないでしょうか。

歴史的な蓄積の中で、日本人には自己をコントロールする文化が根付いていると言えるかもしれません。

そういう意味で、私は実は今の若い人たちにこそ、仏教的なものを感じています。

「最近の若い人は」と言いたい人へ

まず、今の若い人たちは、争いを好みません。余計な争いをせず、何事も丸く収まるのが一番という共通認識があるように感じます。

前にも話しましたが、これが20〜30年前だと、同じ若者でも全く様相が異なりました。昔の若者はとにかく相手とぶつかったものです。激しく意見を戦わせ、酒などが入っていると喧嘩や殴り合いになる。その目的は自己確認なんですね。

今の若者は、争いという形での自己確認をそれほど求めていません。良い悪いは別にして、自分は自分、他人は他人という区分けができていますから、無駄な争いはしないし、したくない。意味がない。

私はもう長いこと全国津々浦々で講演会を行ってきました。

中高生でも、最近は特にしっかり話を聴いてくれます。ただ静かにしているのではなく、誰もがきちんとしている感じ。まさに「大人しい」のです。

バタバタしない、無駄なおしゃべりをしない、スマホを見ない。ルール、マナーが守られています。大人です。

たしかに今の若者には、もっと活気が欲しいという先生（大学の同僚）もいます。しかし全体的には授業がやりやすく、私が投げかけるテーマに対して積極的に向き合ってくれます。

たとえば、「次の授業では『源氏物語』や『平家物語』などの古典を一人一つずつ担当して、コントの台本にしてくれる？　それを三人一組で演じてくれるかな？」という、ちょっと面倒な課題を出したところ、大人しかった学生が見事に喜劇を演じてくれました。皆、実に芸達者で、「君たち、どこにそんな才能を隠し持っていたの？」と驚かされました。

普段は静かで穏やかだけど、いざとなると力をしっかり発揮できる。若い人こそブッダ的な要素が強いと感じています。「大人しすぎて弱弱しい」などと誤認して下に見ている場合ではありません。

親しくなりすぎず、無理しない範囲で付き合う

最近の若い人たちは、昔に比べてあまりお酒を飲みません。宴席に誘っても何かと理由をつけて参加しない人も多いです。

「付き合いが悪い」と嘆いても仕方がありません。私たちの世代はお酒を飲むことで関係性を深めていましたが、今の人たちはその感覚が希薄なのです。

いきなり深い関係を求めるのではなく、ちょっとした雑談ができるくらいの距離感で付き合うのが良いと思います。

私たちより上の世代は、えてして雑談よりも議論を好む傾向が強いでしょう。雑談なんてレベルが低い。それより政治とか哲学とか、深い話で盛り上がりたい。そういう年代だと思います。ですが、今の若い人たちは、そんな重くて深い会話をそれほど好みません。もっとサラリと共通の話題で盛り上がれればいい。

延々と同じテーマで話すのではなく、私は「30秒雑談」と呼んでいるのですが、30秒でどんどん次の話題に移っていくくらいが良いのではないでしょうか。

「昨日ネットフリックスでこんなの観たんだけど」

「あ、観た観た。面白いよね」

「そうそう」

おじさん世代から見ると、なんとも他愛ない会話ですが、それで良いのです。

若者世代に媚びるわけではありませんが、今流行の「サブスク」（毎月一定料金を支払うことで映画やテレビ番組のアーカイブなどのコンテンツを楽しめるサービス）を私は積極的に活用しています。

アマゾンプライムやネットフリックスといった配信サービスを利用して自分の好きな映画やドラマを観る。時間はたくさんあるのですから、そういうサービスを利用していろいろ観てみる。

『イカゲーム』や『梨泰院《イテオン》クラス』を流行時に観ておけば、若い人たちともいくらか会話ができます。長々と論じる必要はありません。あくまでも雑談です。

「あ、あれ観たよ。面白いね」と、会話が成立するくらいの距離感で終わらせておく。

肩の力を抜いて、いろんな人と雑談できる60代を目指してみるのも良いと思います。

第6章

60代の「愛と別れの法則」

——「愛する人と会うな」の真意——

身を焦がす愛欲から、穏やかな愛情へ

愛欲にまみれることから離れる

残された時間を何に使うかは、人それぞれでしょう。

ブッダは、心身を整えて心安らかな境地を目指すことが楽しみとなると説きますが、人によっては、もっと刺激的な楽しみを追求したい人もいます。

その一つが異性との付き合い方でしょう。

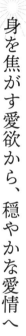

もちろん、いくつになっても色気はある程度必要です。相手に関心を持ち、好きになる気持ち、ときめく心は、若返りの大きなポイントでもあります。

ただし、あまりに異性に溺れ、若い頃のような激しい炎を燃やすとなると、いかがなものでしょうか？

青春を過ぎた男が、ティンバル果のように盛り上った乳房のある若い女を誘《ひ》き入れて、かの女についての嫉妬から夜も眠られない、――これは破滅への門である。

（『ブッダのことば』110）

いい年をしたオジサンが、若い娘に入れ上げる。体が衰える前に、もっと楽しみたい。挙句の果てに悶々として夜も眠れないというのは、破滅への道だとブッダは断じます。

たしかに定年後、それまで抑えつけていたものが弾かれるように、愛欲の道に突き進む人もいます。

キャバクラだとかクラブで自分の娘や孫のような若い女性に熱を上げ、退職金や貯金を崩して通い詰める。言われるまま高価なプレゼントを送り、服を買い、高い食事を奢り、ついにすっからかんになった挙句、捨てられてしまう。

あるいは家庭を顧みず不倫に走り、家族を失ってしまう。

巷にはこんな話が掃いて捨てるほどあるようです。本人はそれが生きがいで、大切なものだと思い込んでいるので、周囲がいくら諫めても聞く耳を持ちません。


愛欲に駆り立てられた人々は、わなにかかった兎のように、ばたばたする。束縛の絆にしばられ執著《しゅうじゃく》になずみ、永いあいだくりかえし苦悩を受ける。

（『真理のことば』342）


愛欲の罠にかかった人は兎のようにバタバタするという表現が面白いですね。

愛というと、キリスト教では神の愛とか、孔子の儒教なら仁愛ということで、プラスの意味で使われます。

仏教の場合、慈悲の心を持つことは勧めますが、愛はむしろ愛欲の方にニュアンスが近い。欲望の一つであり、執着の一つとして消し去るべきものとして語られます。

この世において執著のもとであるこのうずく愛欲のなすがままである人は、もろもろの憂いが増大する。――雨が降ったあとにはビーラナ草がはびこるように。

（『真理のことば』335）

愛欲の林から出ていながら、また愛欲の林に身をゆだね、愛欲の林から免《のが》れていながら、また愛欲の林に向かって走る。その人を見よ！ 束縛から脱しているのに、また束縛に向って走る。

（同344）

若い頃であれば、誰かをひたすら好きになり、恋焦がれ、激しい恋愛をするのもいいでしょう。そこから自分の足りない部分や至らなさに気づいたり、自分のわがままや自尊心の高さに気づいたりと、成長することができます。

人を好きになることの苦しさと甘美さ、そういうものを体験し、精神的に成長することができるわけです。

ただし、その恋慕の炎には、時として身を焦がし破滅させるほどのエネルギーがあります。若いうちであればいいのですが、60歳を過ぎたらもうそんな激しい炎は遠慮して、もう少し別の愛の形を追求したいものです。

好きなことも過剰になると執着になる

ブッダは、愛に関しては、かなり厳しい見解を持っています。

愛する人と会うな。愛しない人とも会うな。愛する人に会わないのは苦しい。また愛しない人に会うのも苦しい。
（『真理のことば』210）

それ故に愛する人をつくるな。愛する人を失うのはわざわいである。愛する人も憎む人もいない人々には、わずらいの絆が存在しない。
（同211）

愛するものから憂いが生じ、愛するものから恐れが生ずる、愛するものを離れたならば、憂いは存在しない。どうして恐れることがあろうか？
（同212）

愛と一言で言っていますが、ここで言う愛は、求める愛です。慈悲のような与える愛ではありません。

求める愛とは、突き詰めれば欲であり執着です。だからそれが得られないと苦しみ、失うと悲しみに暮れることになる。

そもそも、好きという感情は行きすぎると病になります。

それは恋愛に限りません。

私はスポーツ観戦が大好きで、サッカー日本代表の試合は欠かさず見ています。

これが結構、興奮するのです。

気がつくとテレビ画面に向かって叫んでいる。

「そんなところでなんでボーッとしてるんだ！」

「ノーマークでシュート外すか？」

「なんで、意味のないバックパスしてんの、馬鹿じゃないの！」

ハッと気づくのですが、ふだんは使わないような汚い言葉を使っている自分がいるんですね。思い入れがあまりに激しいからです。

あるとき、さすがにこれはちょっとおかしいぞと。

結局、好きだと思っていたけれど、単に依存していただけなのです。

日本が勝って、とにかく気持ち良くなりたい。スッキリしたい。彼らに依存していたわけです。

なのに、まるで自分が主役かのようにプレーに一喜一憂し、大声を上げている。

これはかなり滑稽なことだなと気づきました。

一定の「距離感」が必要

サッカーが本当に好きなら、一生懸命プレーしている彼らをただひたすら応援すればいいのです。私たちにできないことを彼らがやってくれている。ありがたいと思えば、多少のミスで怒ることもないでしょう。

自分ができないことをやってもらいながら、そのありがたみを感じるどころか、思い通りにならないからと言って大声で罵っている。

そもそも私は趣味でサッカーをしているわけでもないし、サッカー協会に寄付をしているわけでもありません。ただプレーを観て興奮しているオジサンの一人にすぎません。

そう思い至って、過剰な思い入れをやめました。

サッカーを見るのは楽しいけれど、負けたからといって自分が何かを失うわけでもなければ、勝ったからといって自分が何かを得るわけではありません。

面白がりながら、淡々と観戦すればいいだけです。勝っても負けても、楽しませてくれてありがとうと、彼らの能力と才能、努力に対してお礼を言い、敬意を表する。

冷静に考えると当たり前のことなのですが、「好き」となると見えなくなってしまう。対象との距離感を誤ってしまう。ここが落とし穴だと思います。

60歳を過ぎてようやく、そんなことを考えて、以前よりかなり落ち着いて観戦できるようになりました。

スポーツはつい熱くなりますが、取り乱すことなく観戦することで、自分を整える訓練にもなります。そういう意味で、最近は日本代表の試合だけではなく、様々な試合、チームを応援するようになりました。

２０２２年のサッカー・ワールドカップは全試合観ましたが、メキシコ対アルゼンチン戦は感動的でした。アルゼンチンが初戦でサウジアラビアに負けたことで後がない。そこでメッシがシュートを決めた。

あるいは今回はモロッコが頑張りましたが、それも応援しました。日本代表への偏愛というより、サッカー全体への興味から観戦するようになったのです。すると、日本代表の試合とその結果に、以前のような偏った執着がなくなります。

愛と思ってはいても、罵声を浴びせるようではブッダの言う執着なんですね。それが薄くなることで、穏やかに観ることができるようになった。

ちょっと成長できたかなと秘かに喜んでいるのです。

依りかからない愛を目指す

何事もほどほどがいいと思います。異性との付き合いも、趣味も人間関係も、すべて過剰になったり、偏ったりすると面倒なことになりかねません。

ブッダは、

「愛するものと会うな」

と、厳しい言葉で表現していますが、これは修行僧としての道を極めるための、強い戒めでもあると思います。

一人も愛する人を作るな、となると、私たち俗世にいる身としては、やはりちょっと淋しい。私なりに解釈するに、これは何か一つのものに偏って、過剰に愛することは良くない。溺愛はやめるべきだという風に捉えるのが良いのではないでしょうか。

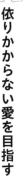

過剰な愛や溺愛には、依存があります。相手に寄りかかっている状態です。そうなると、それがなくなったとき、支えてくれるものがなくなって倒れてしまいます。

一つのものに依存して、それに頼ってしまうのが良くない、とブッダは言っているのだと思います。

依存せず、薄く広く愛する。サッカーでいえば、日本代表だけでなく、他国のチームのことも知り、興味を持つ。すると関心がばらけるので、偏愛や溺愛を避けることができます。

さらに自分が依存し支えられるのではなく、好きであるなら相手を支えてあげる。クロアチア戦のＰＫで、南野選手と三笘選手が外してしまった。「何やってるんだ！」と怒るのではなく、涙を流して悔しがっている選手に「ここまでよく頑張ってくれた。ありがとう」と、慰めと感謝の言葉をかけることができれば、こちらが相手を支えていることになります。

依りかかることのない人は、理法を知ってこだわることがないのである。かれには、生存のための妄執も、生存の断滅のための妄執も存在しない。

（『ブッダのことば』856）

60歳を過ぎたら、依存し執着する愛ではなく、相手を支える愛でありたい。

それは貪りの愛欲ではなく、相手に与える慈悲に近くなります。

こうなると、相手が去っても、激しく落ち込むことはありません。いわば親のような気持ちで、新たな世界へ旅立ったのだと見送ることができます。依りかかることない愛を育むことが、60歳からの愛と言えるのではないでしょうか。

偏りのない「中道」を

中道こそブッダの本質

偏りをなくすということを、ブッダは「中道」という言葉で表しました。

仏教研究の大家である中村元先生は、中道とはどっちつかずという意味ではなく、中道の「中」とは「あたる」という意味だと解説しています。

中心の的に当てる。本質を射抜くという感じでしょうか。

ブッダが登場したころ、世の中には様々な極端な思想が溢れていました。社会が爛熟すると、そのような極端な考え方が跋扈《ばっこ》するようになります。ちょうど今の時代も似たようなものかもしれません。

その極端な思想の一つが禁欲主義です。厳しい苦行を通じて真理に達すると考える。

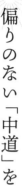

もう一つが快楽主義です。この世のあらゆるものは無意味なので、とにかく人生は精一杯楽しむべきだと。倫理観や道徳に捉われず、快楽的、享楽的な生活を送る。当時はこのような極端な思想を実践する人たちがいたそうです。

そんな中でブッダは、いずれも極端であり真理からは遠いと批判しました。そこで説いたのが「中道」です。極端なものは偏りであり、正しい理は偏りから離れたものだと説いたのがブッダでした。

カッチャーヤナよ。あらゆるものが有るというならば、これは一つの極端の説である。あらゆるものが無いというならば、これも第二の極端の説である。

人格を完成した人は、この両極端の説に近づかないで、中道によって法を説くのである。

（『原始仏典』64ページ）

極端なものから離れる、偏りから離れることで、こだわりのない自由な心を持つ。若い頃は何かと極端に走りがちですが、60歳という年齢を過ぎたからこそ、中道の生き方に近づくことができるのではないでしょうか？

愛する家族との時間の使い方

ブッダは、世俗を捨てて修行し悟りを得た人ですから、家族を持つことに対しても厳しい言葉で断じています。


妻子も、父母も、財宝も穀物も、親族やそのほかあらゆる欲望までも、すべて捨てて、犀の角のようにただ独り歩め。

（『ブッダのことば』60）


もちろん、これは解脱を目指す修行者に向けての言葉だと解釈できるでしょう。

ブッダは、すべての人がすぐさま出家するべきだとは言っていません。在家の信者も大いに受け入れていたわけです。

ですから、同じ家族に関して、次のように述べています。

父母につかえること、妻子を愛し護《まも》ること、仕事に秩序あり混乱せぬこと、――これがこよなき幸せである。（同262）

こよなき幸せにはどんなものがあるか？　という問いへの、ブッダの答えの一つです。出家者に対しては、執着を徹底して断ち切るために、厳しい言葉で戒めます。その一方で、一般の人に対しては、家族を大切にしなさい、それが幸せへの道だと言っているのです。

ただし、その場合でも依存する愛ではいけないということでしょう。妻子を愛すると同時に守れ（護れ）と言っています。与える愛が大事だということではないでしょうか。

ところが、互いに依存の関係で成り立っている家族も少なくありません。お受験などで子どもの教育に汲々としている親は、子どものためを考えていますが、場合によっては子どもの進学を通じて、親が自分のアイデンティティを確認するという依存である場合もあるでしょう。

夫が妻に家庭を任せきりで、家を顧みない。奥さんに依存している状態です。バラバラな方向を向きながら、その実は互いに依存している家庭が、実は少なくないのではないでしょうか。

互いに一個の人格として認め合う

家族ですから多少の依存はあっていいと思いますが、それだけでは本当の幸せな家族とは言えない。精神的、物質的な依存をできるだけ離れて、互いを尊重しながら、それぞれが一個の人格として自立している。そういう形が最も望ましい家族の形だとブッダは言っているように思います。

それには、やはりブッダの教えの基本が大事で、何度も出てきているように、「慎み」を保ち、自らを「ととのえる」という姿勢が必要だということです。

落ち着いて思慮ある人は身をつつしみ、ことばをつつしみ、心をつつしむ。このようにかれらは実によく己れをまもっている。

（『真理のことば』234）

他人に教えるとおりに、自分でも行なえ——。自分をよくととのえた人こそ、他人をととのえるであろう。自己は実に制し難い。
（同159）

慎みを持ち、自己をととのえると言葉で言うのは簡単ですが、実はこれが難しい。特に他人との関係なら「慎む」ことができても、家族に対してはつい甘えが出てきてしまいます。本音やわがままが出て、相手を傷つけてしまう。最も大切なものを、もっとも疎かにしてしまいがちです。私も含めて、多くの人に思い当たることがあるのではないでしょうか？

家族といえども、一個の人格として認め合う。子どもであっても自分の所有物ではない。パートナーであっても同じです。対等の人格として向き合うことが大事だとブッダは言っているような気がします。

家が地獄にならないために

母・父・兄弟・姉妹或いは義母を打ち、またはことばで罵る人、——かれを賤しい人であると知れ。

（『ブッダのことば』125）

「親しき中にも礼儀あり」という言葉があります。

家族は本来、気が置けない親しい間柄ですが、だからこそ甘えずに礼儀を守り、むしろ他人以上に気を遣う必要がある。

まして、暴言や暴力などは論外です。しかし実際にはそのようなことが起きがちなのが家庭というものでもあります。

時代的な違いもあります。私たちの世代より上の、昭和の家庭の父親というのは、乱暴な言動が当たり前なところがありました。

昔のテレビドラマで「寺内貫太郎一家」というのがありましたね。体格の立派な小林亜聖さん扮する父親が、番組中で必ず1回は息子役の西城秀樹さんと取っ組み合いの大喧嘩になる。喧嘩が始まると、食事が載っている卓袱台（ちゃぶ）を家族が「はいはい、また始まった」とばかり無言、無表情のまますっと部屋の隅に寄せるシーンが印象的でした。

一見乱暴なようですが、濃い愛情でつながっている、そんな家族でした。

『巨人の星』の星一徹も、夕飯の卓袱台をひっくり返していました。

しかし、父一徹と息子の飛雄馬との間には、深い魂の結びつきがありました。

今の家庭では卓袱台もありませんし、そもそも考えられない暴力ですが、昔は近所付き合いがあり、隣のおばあちゃんや町の長老が、夫婦喧嘩を諌めてくれたりと、フォローしてくれる人がいました。

今は違います。家庭内の暴力があっても外からは見えにくく、内にこもってしまいがちです。助けてくれる近所の人や地域社会がありません。問題が誰にも知られないまま、最悪な場合は事件になって、ようやく明るみに出ます。

今、殺人事件の半数が家庭内で起こっているということをご存じでしょうか？

殺人事件の件数自体は減っているのですが、家庭内殺人事件の数は横ばいだそうです。その結果、全体に対する割合が増えているのです。

親密な関係だけに、一度歯車が狂い、人間関係がこじれてしまうと、大変な苦痛と苦労を強いられることになります。まさに仏教で言うところの「怨憎会苦」。

家族の間だからこそ「慎み」を大事にして、自らを整えなければいけないということでしょう。

愛別離苦……別れを受け止めるために

家族との別れ

すべての生き物は死を迎えます。それこそ世の道理であり、真理です。愛する家族と言えども、もちろん例外はありません。

子も救うことができない。父も親戚もまた救うことができない。死に捉えられた者を、親族も救い得る能力がない。

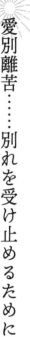

（『真理のことば』288）

確かにその通りです。どんなに医学が発達しても、私たちは死を逃れることができません。そしてどんなに愛している人でも、いずれ訪れる死から救い出すことはできないのです。

60歳を過ぎると、多くの人に、親との別れが訪れます。

いくつであっても親との別れはつらいものです。自分が親という立場になると、自分を育ててくれた親のありがたみが分かります。

そういう存在を失うのはつらいことですが、例外なくやってくるのです。

ブッダは、人生は苦であるという諦め（苦諦）から、すべての教えを始めます。中でも「死」と、愛するものと離れ離れになる苦、すなわち「愛別離苦」は数ある苦しみの最も大きなものでしょう。親や子など家族との死別は何よりも苦しくつらいことです。

ブッダは、これらの苦しみが愛執から生じるものであり、愛執＝執着を捨てれば苦は消え去ると言いました。死の恐怖や苦しみも、生への愛執、執着から来ます。

なぜ執着するかというと、この世界が実体のあるものだと考えているからだと。

つねによく気をつけ、自我に固執する見解をうち破って、世界を空《くう》なりと観ぜよ。そうすれば死を乗り超えることができるであろう。このように世界を観ずる人を、〈死の王〉は見ることがない。

（『ブッダのことば』1119）

世の中は泡沫《うたかた》のごとしと見よ。世の中はかげろうのごとしと見よ。世の中をこのように観ずる人は、死王もかれを見ることがない。

（『真理のことば』170）

世界は実体のない「空」であるとブッダは言います。これは固定したものがなく、すべては移り変わっていくという諸行無常と同じです。すべての生も人間の存在も、同じように移ろいゆくものであるということです。

たとえば、ろうそくの炎を考えてみましょう。炎というものは、いかにも実体があるように見えますが、一瞬前の炎と、今の炎、そして一瞬後の炎は違うものです。ロウが液体になり、ロウソクの芯を伝って上昇し、熱で気化する。その瞬間にロウの成分が前の炎の熱によって酸素と結合し、新たな炎となり、二酸化炭素や水分などに変わって一瞬にして消えていく。炎は常に揺らめいて一つの炎の形として存在するように見えますが、一瞬一瞬で消えていく連続体だと分かります。

私たちの肉体も精神も、炎のように短くはないにしろ、刻一刻と移ろい変化しているということです。

とはいえ、私たちはブッダのような覚者ではありませんので、特に家族など愛する者との死別にも嘆き悲しむなと言う方が無理でしょう。泣くときには大いに泣き、嘆くときは大いに嘆けばいいと思います。

ただし、頭のどこかでブッダの言うことが残っていれば、どこかで諦観が生まれるのも事実でしょう。

泣き悲しんでは、心の安らぎは得られない。ただかれにはますます苦しみが生じ、身体がやつれるだけである。

（『ブッダのことば』584）

だから〈尊敬さるべき人〉の教えを聞いて、人が死んで亡くなったのを見ては、「かれはもうわたしの力の及ばぬものなのだ」とさとって、嘆き悲しみを去れ。

（同590）

ブッダの死

かくいうブッダ自身の死も、またブッダらしいものでした。ブッダが亡くなるまでの経緯は『ブッダ最後の旅』という本に描かれています。

ブッダは齢八十にして、王舎城というそれまで活動していた拠点の近くから、生まれ故郷であるクシナーラーまで、約350キロメートルを歩いて帰る決断をします。人生の終わりが近いことを感じたブッダは、生まれ故郷で生を終えたいという強い思いに駆られたのでしょう。数名の弟子を引き連れての旅が始まります。

途中、ヴェーサーリーという場所で雨期となり、ここに滞在中に病気になってしまいます。ここで、ブッダはいよいよ死期が近いことを悟ります。

そこからの言葉は、あたかも遺言のようにさえ聞こえます。

アーナンダよ。修行僧たちはわたくしに何を期待するのであるか？　わたくしは内外の隔てなしに（ことごとく）理法を説いた。完《まった》き人の教えには、何ものかを弟子に隠すような教師の握拳《にぎりこぶし》は、存在しない。
（『ブッダ最後の旅』第2章25より）

次は、先にも紹介した言葉です。

アーナンダよ。わたしはもう老い朽ち、齢をかさね老衰し、人生の旅路を通り過ぎ、老齢に達した。わが齢は八十となった。譬えば古ぼけた車が革紐の助けによってやっと動いて行くように、恐らくわたしの身体も革紐の助けによってもっているのだ。
（同第2章25より）

アーナンダに説いたのが、自らを島とし、法を拠り所にせよという、有名な島のたとえ話です。

アーナンダよ。今でも、またわたしの死後にでも、誰でも自らを島とし、自らをたよりとし、他人をたよりとせず、法を島とし、法をよりどころとし、他のものをよりどころとしないでいる人々がいるならば、かれらはわが修行僧として最高の境地にあるであろう、——誰でも学ぼうと望む人々は——。（同第2章26より）

ブッダは修行完成者として、3カ月後に自分は死ぬだろうと予言します。アーナンダは、多くの人の利益と幸福のために、この世にもう少し留まっていてくださいと懇願しますが、ブッダはこのように言います。

しかし、アーナンダよ。わたしはあらかじめこのように告げてはおかなかったか？——「愛しく気に入っているすべての人々とも、やがては、生別し、死別し、（死後には生存の場所を）異にするに至る」と。アーナンダよ。生じ、存在し、つくられ、壊滅する性質のものが、（実は）壊滅しないように、ということが、この世でどうして有り得ようか？　このような道理は存在しない。

（同第3章48より）

その後、一行はパーヴァという町にいる鍛冶工のチュンダの元を訪ねます。そこで出されたキノコ料理に当たってしまい、ブッダはいよいよ最期の時を迎えます。激しい苦痛と下血に見舞われながら、途中休み休み、さらに先を目指します。しかし、いよいよ沙羅双樹の下に来たとき、横になり動けなくなります。

その直前、ブッダはアーナンダに告げます。

鍛冶工のチュンダが悪いキノコ料理を食べさせたために尊師が亡くなったと、誰かに責められるかもしれない。そうではなく、チュンダは最後の供養の食物を与えたのだから、最大限に功徳があるのだと、本人にも周りにも告げて欲しいということでした。

自らの臨終のときに、そのきっかけになった料理を出した人物をこれだけ慮《おもんぱか》るブッダは、やはり大変優しく温かい人だと思います。だからこそたくさんの弟子たちが付き従い、訪れる土地で歓待され、教えを請いに来る人たちがいたのでしょう。

大勢の人たちが最後までブッダの周りに集まったのでした。

号泣するアーナンダを思いやる

いよいよ師の死を前にして、アーナンダは住居に入って隠れて一人号泣します。それを知ったブッダは、アーナンダを呼び寄せ、諭します。

やめよ、アーナンダよ。悲しむな。嘆くな。アーナンダよ。わたしは、あらかじめこのように説いたではないか、――すべての愛するもの・好むものからも別れ、離れ、異なるに至るということを。（中略）アーナンダよ。長い間、お前は、慈愛ある、ためをはかる、安楽な、純一なる、無量の、身とことばとこころの行為によって、向上し来れる人（＝ゴータマ）に仕えてくれた。アーナンダよ、お前は善いことをしてくれた。努めはげんで修行せよ。速やかに汚れのないものとなるだろう。

（同第5章14）

泣くなと諭しながら、同時にブッダはアーナンダに、言葉をきわめて賛美します。よくやってくれたと。敬愛する師にこれだけの言葉をかけられて、アーナンダは悲しみの中にも救いとなる喜びを見いだしたに違いありません。

ここにもブッダの溢れ出る優しさがあります。

死の直前、苦しみの中でも弟子たちや来訪者にできる限り説法するブッダでしたが、いよいよ最期のときが来ました。

さあ、修行僧たちよ。お前たちに告げよう、「もろもろの事象は過ぎ去るものである。怠《おこた》ることなく修行を完成なさい」

（同第６章７）

この言葉を最後に、ついに息を引き取ります。

このとき大地が鳴動し、沙羅双樹の花が降り注ぎ、神々や人々が集まり、ブッダの死を嘆き悲しんだと伝えられています。

修行がまだ至らない若い修行僧の中には、あまりの悲しみに悶え、のたうち回る者もいましたが、修行の進んだ者はよく自分を律していたと言います。最後の最後まで周りの人々を気遣い、自らは死の恐怖に揺れ動くことのない、まさに大往生でした。

私たちも、いずれ身の周りの親しい人や自身が死を迎えます。ブッダの最期の話を読むと、ブッダのようにはいかずとも、美しく死にたいという気持ちに自然となります。

第7章

「2割ブッダ」で人生を楽しむ

――ふだんの生活で「ニルヴァーナ」に近づく――

「2割ニルヴァーナ」を体験する

「テストされる」から解放される

還暦を迎えて、「自分も年を取ったなぁ」ではなく、「ようやくこの時期が来たな！」という気持ちに、ぜひなって頂きたいと思います。

私自身、60歳になったときに真っ先に感じたのは、「もうこれで、いろんなものをテスト（査定）される時代は終わったんだ」という解放感でした。「査定からの卒業」ですね。

もう、誰からも査定されることがない。自分自身の価値観で、自分の好きなことをやっていい時期が来たんだなと。

仕事でも一通りの区切りがついて、もうおよそやるべきことはやってしまってい
る。評価も一巡した。私のようなフリーの立場でさえそのような感覚でしたから、会社に勤めている人たちは、なおさらでしょう。

60歳となると、子どもも成人して結婚し、孫がいる人も多いでしょう。人生まさに一巡したわけです。

責任がなくなるわけではありませんが、第一線で働きながら子どもを育て家族を養うという責任からは解放されます。ビジネス社会の競争の最前線からも解放されるケースが多いでしょう。

もう勝ち負けを気にしたり、他人の評価を気にする必要もないのです。

「わたしは勝れている」「わたしは等しい」また「わたしは劣っている」と考えている人は、それによって争うであろう。

これらの三つのありかたに心の動揺しない人には、〈勝れている〉とか、〈等しい〉とかいうことは存在しない。

(『神々との対話』第I篇 第二章 第10節20より)

争いの世界から距離を置けるということです。いろんな意味で荷を下ろし、身軽になる。それが60歳からの人生ということでもあります。

人格の完成を目指すのが最終的な目的

「これからは健康に長生きしながら、上司や会社や他人でなく自分の価値観をメインに据えて、何をしようか？」と考える。まだたくさんの問題はあるでしょうが、自分の人生と生き方にしっかり向き合えるのが60代以降ということになると思います。

私がこの章でぜひ皆さんに提案したいのが、「2割ブッダ」という考え方です。

「10割ブッダ」を目指すとなると、すべてを捨てて煩悩を完全消滅させるわけですから、まず無理です。5割も、今の社会では苦しい。

でも2割なら、それほど無理せず目指せます。2割でも、生きるのがずいぶんと楽しく、しかも有意義になるに違いありません。

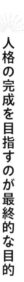

していきます。

「60歳からは2割ブッダ」という視点で、ブッダの教えを見ていきましょう。

まず、ブッダは人生の最終目的は人格の完成であり、真理を見極めることだと強調しています。

愚かに迷い、心の乱れている人が百年生きるよりは、知慧あり思い静かな人が一日生きるほうがすぐれている。（『真理のことば』111）

怠りなまけて、気力もなく百年生きるよりは、堅固につとめ励んで一日生きるほうがすぐれている。（同112）

最上の真理を見ないで百年生きるよりも、最上の真理を見て一日生きることのほうがすぐれている。（同115）

ただ長生きすればいいのではない。真理をつかむために生きなければいけないと言うのです。

これは孔子の、

「朝《あした》に道を聞かば夕べに死すとも可なり」

と、同じことです。朝に生きるべき道を悟れれば、その日の夕方に死んだってかまわないというわけです。人生の価値は長生きしたかどうかではなく、いかに生きるかという真理をつかんだかどうかで決まるというわけです。

何か事をなせとか、仕事で成果を上げろとか、そんなことではないのです。いろんなものから解放されて、静かに心を落ち着かせている状態。自分自身がととのっている状態、すなわち人格の完成こそ目指すべきだとブッダは言うのです。その上で、涅槃（ニルヴァーナ）に至れ、孔子の言葉で言うなら道を知るということです。

ただし、ブッダのような完全なニルヴァーナは難しいので、「２割ニルヴァーナ」をお勧めします。

ブッダの言葉を読むと、ニルヴァーナをそれほど遠い境地に設定していないと思えるところがあります。

ひとがつねに目ざめていて、昼も夜もつとめ学び、ニルヴァーナを得ようとめざしているならば、もろもろの汚れは消え失せる。

（『真理のことば』226）

ニルヴァーナを得ようと目指すだけで、汚れは消え失せるのだと言うのです。思い立つだけで、自ずと自分が整っていくと。

（道に）思いをこらし、堪え忍ぶことつよく、常に健《たけ》く奮励する、思慮ある人々は、安らぎに達する。これは無上の幸《しあわ》せである。

（同23）

安らぎとはニルヴァーナであり、それは正しい道に思いをはせること、そのことに没入することから始まります。心を集中させ、ブレずに続けると、揺れない境地や穏やかで安らかな気持ちに達すると解釈できます。

ニルヴァーナは、悟りの境地としてどこか遠いところにあるのではない。実は身近にあるものだと考える。

たとえばバッハやモーツァルトの音楽を聴いていると、なかには天上の音楽とはまさにこういうものではないかと思える美しい曲があります。目を閉じて音の世界にたゆたう。

あるいは美しい絵を観て、つい引き込まれてしまう。日常の感覚を忘れてしまう瞬間。これもニルヴァーナ的です。

身近にあるニルヴァーナとは？

たとえばスポーツをやっている人など、激しい試合の後、勝っても負けても、どこかスッキリとした境地になる経験があるのではないでしょうか。あるいは試合中でも集中していると、いわゆるゾーンに入る瞬間があると言われます。

サッカーの三浦知良選手いわく、絶好調のときはシュートを打つ直前にゴールを決めた映像が見えたと。江川卓さんは、調子がいいときには、投げた瞬間にキャッチャーミットにボールが入っているかのように、あたかも時間が逆転して結果が先に見えているような感じがあったと語っていました。

ここまでではなくても、何かに集中して没入している状態は、ゾーンに近づいているいると思います。我を忘れて絵を描く、陶芸をしていたら食事の時間をすっかり過ぎていたなど、目の前のことに夢中になって邪念がない状態。これらも「2割ニルヴァーナ」に認定しましょう。

受験勉強にも、そんな境地があるように思います。私は浪人して一心不乱に勉強し、すべてをやり尽くした感覚がありました。試験が終わったときのスッキリと澄みわたった不思議な穏やかな気持ちを覚えています。

現役（高校3年）時のような不安や動揺が一切ないまま発表を迎えました。発表前の晴れ晴れとした気分は、今でも一種ニルヴァーナに近かったのではないかと考えています。

そう考えて見回してみますと、ここにもニルヴァーナ、あそこにもと、至る所にニルヴァーナがあります。ブッダが最終的に目指したものとは少し違うかもしれないけれど、決して外れてはいません。

子どもたちが無邪気に真剣に遊んでいる姿に、ニルヴァーナを感じることがあります。一心不乱にフラフープをしている。けん玉に熱中している。レジ打ちの人がものすごい勢いでレジを打ち、テキパキと無駄のない動きで仕事をしている。

そんな姿を見るだけで、本人は気づいていないけれど、そこにニルヴァーナの片鱗を感じます。

あらゆるところに「2割ニルヴァーナ」が存在しているのです。私たちは気が付かず、見逃しているだけなのかもしれません。

日常生活もニルヴァーナに通じる

日常のちょっとしたシーンにすら、「2割ニルヴァーナ」があると私は考えています。最近はサウナブームですが、実は私はサウナが昔から好きで、サウナに入りながらヨガをやるなんてことを、もう40年前からやっていました。

当時、ヨガをやっている人などほとんどいませんでしたが、すでにホットヨガをしていました。早すぎた観はありますが、ポーズに併せて呼吸法をしていたのです。

１００℃近い部屋の中でヨガをやると、それはきつい。汗が吹き出してきて、意識がもうろうとします。

長時間は危険ですので、ある程度のところで飛び出してそのまま水風呂へ。これが何とも言えない爽快感で、この感覚もニルヴァーナ的だとさえ感じます。私にとって、サウナは習慣であり趣味のようなものでもありました。

今サウナがブームで、「サウナで心身をととのえる」という言い方をします。

趣味の世界もまた、ニルヴァーナ的なものがあります。

釣りでも山登りでもガーデニングでも、何か好きなことがあれば、それを楽しんでいる時間は邪念がありません。目的と行為が一致しているものには、純粋性があります。だからこそ、そこに邪念が入り込まず、スッキリとした境地に入り込む。つまりニルヴァーナ的な要素があるのです。

世俗のことがらに触れても、その人の心が動揺せず、憂いなく、汚《けが》れを離れ、安穏であること、――これがこよなき幸せである。

（『ブッダのことば』268）

意識が集中して動揺せず、楽しんでいて邪念がないなら、たとえ修行ではなく世俗のことをやっていても、こよなき幸せを得るとブッダも言っています。

旅先で絶景を見る。美しい光景に圧倒されて時間を忘れてしまう。こういう体験だって充分、ニルヴァーナでしょう。

そう考えると、この世は見方によって、見るもの触れるものによって天国にもなれば地獄にもなるということかもしれません。

新しい世界を知る喜びと楽しみを取り戻す

大いに楽しむことこそブッダ的

仏教と言うと、煩悩を滅して欲をなくすという教えですから、えてして人生の楽しみとは無縁のようなイメージで捉えられがちです。
しかしブッダの言葉を読むと、それが誤解だと分かります。

悩める人々のあいだにあって、悩み無く、大いに楽しく生きよう。悩める人々のあいだにあって、悩み無く暮そう。

（『真理のことば』198）

貪《むさぼ》っている人々のあいだにあって、患《わずら》い無く、大いに楽しく生きよう。貪っている人々のあいだにあって、貪らないで暮そう。
（同199）

つまらぬ快楽を捨てることによって、広大なる楽しみを見ることができるのであるなら、心ある人は広大な楽しみをのぞんで、つまらぬ快楽を捨てよ。
（同290）

大いに楽しく生きる。それがブッダが目指す生き方なのです。

ただ、本当の楽しみとは欲望にまみれ享楽的に生きることではありません。それは苦しみや争いの元になってしまう。

そうではなくて、欲望や執着を離れることで、本当の安らかで自由な喜びと楽しみがある。

深刻で気難しい顔をして暮らしなさいなどとは、ブッダは一言も言っていません。

ここでも、「2割ブッダ」を意識しながら、自由で楽しい境地を探っていきましょう。

自由で柔軟な心を取り戻す

誰でも子どもの頃は自由な心を持っていたはずです。特に小学校3年生くらいの頃は、すべてが面白く、毎日が新鮮で楽しかったのではないでしょうか？

私も仕事柄、様々な年代の授業や講義を受け持ちます。その中で、8歳から10歳くらいの子どもたちは、とにかく元気溌剌で明るく、屈託がありません。

思春期に入って自我が目覚めると、自意識が高まるとともに葛藤や悩みが増えます。子どもの頃のような底抜けの明るさは消えていきます。さらに成人して社会に出ると、だんだん無邪気な明るさが失われてしまう。

特に男性は、前にもお話しした通り、世の中の常識やビジネス社会のシステムの中で、生き生きとした感情表現を失ってしまいます。

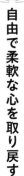

60歳、還暦を過ぎたら干支は一周し、窮屈なビジネスの競争の最前線からも距離を置くことができる。

ならば、ここがチャンスです。生まれ変わった気持ちで、自由な精神、屈託のない子供の頃のような心に還ってみるのもいいと思います。

これは、ニーチェが設定した「子どもの時代」です。「獅子の時代」を通り過ぎて、さらに自由な境地で遊ぶ。老境とはむしろ子どもの頃に回帰していく時代だと考える。

そういう意味で、あえて新しいことにチェレンジしてみましょう。

私の場合、コロナ禍で全授業を年間通してオンラインでやることになりました。始める前は、効果に疑念もありましたが、操作を学んでみると、便利に使えるようになり、幅が広がりました。

SNSも人間関係を広げたい場合、始めてみるのも一手です。始め方が分からなければ、子どもでも誰でも、思い切ってやり方を聞いてアカウントを作ってみてください。

今は、映像で相手の顔を見ながら話ができます。離れている子供や孫の顔を、リアルタイムで見ながら話ができる。

私たち60代が子どもの頃、未来にはテレビ電話で人とつながれるなど、半分は夢のようなこととして語っていたはずですが、今や現実になっているのです。

そして、気難しい顔をやめてみる。目を輝かせている60代、70代というのはとても魅力的です。好奇心のセンサーを張り巡らせて、新しいことにチャレンジしてみましょう。SNSが性に合わなければ、「優雅な孤独」を楽しみましょう。

YouTubeで新しい世界を知る

「こんなにも自分の知らない世界があるのか？」と、私はYouTubeを観ることで感じています。

いろいろ掘り起こしていくと、昔の映像でも、「え？　こんなのあったの！」という「お宝映像」に出会えます。それだけでも発見、心がウキウキしてしまいます。

先日も思いがけず出会ったのですが、『夜のヒットスタジオ』で、松田聖子さんが小坂明子さんの「あなた」を歌っている映像がありました。ピアノ伴奏は作詞作曲をした小坂さんご自身です。

聖子さんがサビの最後で、感極まって歌声が詰まってしまう。そんな感情の破れを目の当たりにできる映像で、危うくもらい泣きするくらいでした。

私はもともと聖子さんのファンでしたから、CDもほとんど持っています。松本隆さんと松田聖子さんについて語り合ったこともあるくらいです。でも、『夜のヒットスタジオ』で、そんなシーンがあり動画が残っているなんて知りませんでした。ですから、YouTubeは決して若者だけの楽しみではありません。私たちの世代が昔の「お宝映像」を発掘できる楽しみもある、貴重なサービスだと思います。

そうかと思うと、とてもテレビでは流せないような深刻な映像もあります。

先日観たのは、父親が母親を殺す現場を見てしまったという当事者（息子）の方のインタヴューでした（街録チャンネル）。

淡々と語っているのですが、まさに地獄でしょう。これほどつらい体験は普通ありません。

あぁ、この方の過酷な人生に比べたら、自分の人生はいかに恵まれて、平穏無事だっただろうか。今からでも、世の中に対してできる恩返しをしていきたいなと、謙虚な気持ちになれます。

マスメディアでは知ることができない世界

他にも、いろんなチャンネルがあります。

ずまさんという歌の名人がいて、とにかくうまい。いろんな人の曲をずまさんなりに歌うのですが、それを聞くと、どんな曲でも入り込みやすいので大好きです。

たまたま、お会いする機会があり、上手に歌うコツを聞いてみました。

息をあまり出さないで歌うようにしているそうです。ロウソクの炎を目の前に置いても揺らさないで歌えると。

演歌や浪曲の人たちが、そうやって訓練するそうです。私たちはつい高音や声を張るときに息も一緒に吐いてしまいますが、違うんですね。

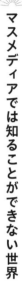

YouTubeでは、そんな市井の隠れた名人たちがたくさんチャンネルを持っています。玉石混交ではありますが、表の情報だけでは知り得ない、お宝に巡り合える場でもあります。

世の中にはこれだけタレント（才能）が揃っているんだ。世に出ている人は本当に一握りで、実はもっと上の人がいるのかもしれない。そんな気がしてきます。するとマスメディアの情報を、これまで以上に相対化して見ることができる。そんな効果もあると思います。

私は子どもたちに対しては、YouTubeばかり見ないで、本を読むように勧めます。バランスが取れないからです。

しかし、60代以上の人には、逆にYouTubeも勧めます。頭を柔らかくし気持ちを若返らせるのに良いからです。

結局、本の著者というのは、それなりに知識があり、肩書がある人物が多いですよね。勉強には良いのですが、この世の中はもっと広大でいろんな人がいます。学者や経営者らが到底知らない世界があるわけです。

埋もれて世に出ない才能やキャラクターがいます。地上波では流せない裏の世界の話もあれば、先ほどの両親の殺害現場に居合わせた人のような深刻な人生もあります。マスメディアだけ見ていたのでは知ることができない世界が、これだけある。

一通りの経験をしてある程度の鑑識眼を持った60代以上にこそ、YouTubeなどは、この世の妙味と奥深さを味わう貴重なツールとなると思います。

刺激をくれる仲間たちとの関係

60過ぎからの人生を彩るものとして、仲間との関係があります。

ブッダは愚かな人とは付き合うなと言いますが、一方で「善い友と交われ。尊い人と交われ」（『真理のことば』78）と言っています。

よく気をつけていて、明らかな知慧あり、学ぶところ多く、忍耐づよく、戒めをまもる、そのような立派な聖者・善き人、英知ある人に親しめよ。

（『真理のことば』208より）

知的に刺激を与えてくれる知恵ある仲間たちは、貴重な宝となるはずです。これまではビジネス関係の付き合いが多かったかもしれませんが、これからはもっと幅広い分野の人たちと付き合うことができます。

趣味があるなら、サークルに所属してみる。今は、ネットで同好会にすぐに参加できます。たとえば、植物好きのネットサークルなら、自分が見つけたきれいな花を写真に撮ってアップすると、他の人が写真をほめてくれて、その花についての情報を教えてくれます。興味ある分野での付き合いを広げ、その道に詳しい人と仲良くなれます。

地方在住であれば、各地域ごとにその地域や郷土の歴史や地理、文化などを学ぶ勉強会があります。そういうところに所属して勉強する。

すると同好の士がいます。そういう人たちと知り合うのも面白いかもしれません。

地域ガイド養成講座も、いまや各地域、自治体で行われています。そういう講座に参加してみる。地域のことを学べるだけでなく、横のつながりを持つことができます。

ユネスコのジオパークが近くにある人は、そういう所のガイド養成講座も面白いと思います。

せっかく時間があるのですから、自分の好きなテーマで勉強すると、これまで刺激されなかった脳が刺激されます。

そして何といっても、趣味や妙味を通じての友だち、仲間を増やすことは、人生を彩り楽しくすることになります。利害関係を越え、知的な刺激を与えてくれる人間関係を作る時間がある。60代はそういう意味で、恵まれた時期です。

心安らげる場所と関係を築く

家庭とは別にもう一つ、心安らげる場所を作ることも大事になってくると思います。お酒が飲める人なら、近くのスナックとかバーなど行きつけの店を作るのも面白いですね。スナックのママや喫茶店のマスターと懇意になり、常連さんと友達になる。家族にはなかなか話せないことでも、話を聞いてくれたりします。

人生経験が豊富で、たくさんの人を見ているママやマスターは、下手なカウンセラーより上手に悩みを聞いて理解してくれるかもしれません。そういう人が身近にいるのは精神衛生上、とても良いと思います。

地方の街でバーに行くと、週に何日か必ず来ている常連さんもいます。ある意味での「帰る場所」であり、居心地の良い場所なんですね。

「アジール」というのですが、職場でも家庭でもない、もう一つの居場所、安心できる場所を作ってみてはいかがでしょうか？


安心できる関係をもう一つ挙げるとしたら、同級生、同窓生の集まりがあります。

小学校から高校まで、できれば地域や地方が一緒の関係が良いです。大学の同窓となると、故郷が異なるので、ちょっとここで言う関係性とは違ってくるかなという感じがします。私は大学の友人とは、オンライン飲み会などをしたりしていました。

30代や40代の頃は、張り合ったりマウントを取り合ったりする面倒な関係性があったかもしれませんが、人生が一周して仕事も最前線から離れ、子も自立したとなると、再びまっさらな子どもの時代に戻りやすくなります。

そんな中で、お互い残りの人生を楽しもうじゃないかとなると、30代や40代の頃とはまた違った関係性になれます。

私もこの年になって昔の同窓会に出たり、特に仲の良かった人たちだけで飲み会をしています。

「え？　本当は○○さんを好きだったってこと？」

「～～さんに告白されたのって、君だったの！」

「付き合ってたの?!　知らなかったよ！」

なんて、数十年を経て明かされる事実があります。他愛もないけれど、時間を経たからこそ楽しめる会話です。

何十年ぶりかで時間と場を共有し、エネルギーをもらえる。昔を懐かしむことに全員が没入している。これも立派なブッダ的喜びかもしれません。

日常の中で「プチ悟り」を得る方法

一日一善――小さな善行を積み重ねる喜び

ちょっとした善い行いをすることで、喜びや楽しみにつなげることもできます。

善いことをした人は、この世で喜び、来世でも喜び、ふたつのところで共に喜ぶ。かれは、自分の行為が浄らかなのを見て、喜び、楽しむ。（『真理のことば』16）

その行ないが親切であれ。（何ものでも）わかち合え。善いことを実行せよ。そうすれば、喜びにみち、苦悩を滅すであろう。（同376）

善いことというのは、必ずしも大変な偉業をなすということではありません。小さな善行が喜びになり、楽しみになる。一日一善と言うと、なんだか古臭くて説教臭いかもしれませんが、何でもいいので、気持ちの良くなることをする。

小学生の通学路で子どもたちの通学の安全を見守っている方や、家の前ではない所まで掃除している方を見るにつけ、こうやって誰かのため、社会のために労を惜しまない人がたくさんいるんだなと思います。こういう人こそ「この世でも楽しみ、来世でも楽しめる」人たちだなと。

このようなボランティア、奉仕の精神とは少し違っても、広い目で見て他人の役に立つことはたくさんあります。

たとえば、自分が「推している人」のCDを買う。YouTubeでも聴けるけどCDを買うことで応援したい。私もよく買いますが、自己満足的とはいえ、少しは役に立てるのではないかと思っています。

YouTubeの「スーパーチャット」でライブ配信のときに投げ銭する。自分のコメントが残るシステムで、自分の主張も残せるし、相手も喜ぶ。今の時代なりの貢献の仕方があるわけですね。

「良い言葉を使う」は立派な善行

行為やお金だけでなく、言葉も大事です。

相手が喜ぶ言葉をかけることが善行になります。相手も気持ちが良くなるし、自分も気分がいいものです。

最近心がけているのは、学生をできるだけ褒めることです。

「今回のレポート、良くできていたね」

「この前の発表は面白かったですよ」

——最初は大変だと思いましたが、慣れてくると自然に言葉が出てくるようになるのですね。すると授業の感想文に「先生が褒めてくれたので、やる気が出ました」などと書かれている。あぁ良かったなという気持ちになります。

料理を出されて、一口食べたらすぐに「おいしい！」と言う。何かしてもらったら、「ありがとう！」と言う。

それだけで、相手にこちらの気持ちや感謝が伝わり相手も喜んでくれます。

そう考えると、私たちの日常に、相手を気持ち良くさせる、喜ばせてあげられる場面はたくさんあります。


先日タクシーに乗ったら、運転が非常に上手でした。

「進路変更が大変お上手ですね。お陰でいつもより早く安く着きました」と、感想をそのまま言ったところ、大変喜んでもらえました。

というのも、素晴らしい運転だったので、いつもより1メーター分早く到着したのです。


進路変更がスムーズなお陰で、こちらは安く済んだ。しかしドライバーから見れば、運転が上手なせいで料金が1メーター分下がっているわけですね。大いなる矛盾が発生している。売上を下げてまで、私を快適に安全に、しかも早く到着させてくれている。そんなブッダ的なドライバーに会うと「お礼も言わずに降りられるか」という気持ちになります。

授業で学生を褒めていると、癖になって、いろんな人の良い所を褒めるようになりました。

「そうか、こういうのは癖になるのだな」と実感しているわけですが、逆に言えば、いつも怒っていると「怒り癖」がついた人になってしまう。どうせ癖をつけるなら、喜ばれる癖をつけた方が良いです。

ということで、ぜひ、周囲の人の良い所を見つけて、照れずに褒めてみてください。きっと相手の何とも言えない嬉しそうな顔に出会えるはずです。

そんな笑顔に出会って自分も気持ち良くなる。これもブッダに近づくことだと思います。

「〜しない」が力になる

使う言葉で善行ができる

良い言葉を使うと同時に、悪い言葉を使わないというのも善行になります。

乱暴な言葉、汚い言葉は使わない。

事あるごとに、皮肉や嫌味を言う人がいます。言っている本人は会話のスパイスくらいに思っているかもしれませんが、言われた方にはずっと嫌な気分が残ります。

今日一日、人の気分を悪くするような言葉は口にしない。そう決めて行動することも、立派な善行です。


粗野ならず、ことがらをはっきりと伝える真実のことばを発し、ことばによって何人の感情をも害することのない人、──かれをわれは〈バラモン〉と呼ぶ。
（『真理のことば』408）

人の感情を害さないだけでも功徳だということです。

逆に言えば、それだけ私たちは人の感情を害する言動をしがちなわけです。悪い芽を一つずつ摘んでいけば、結果として良い芽だけが残り、良いものが生い茂ることになります。

その意味で、「今日も一日怒らなかったな」というのも、「～しない」という意味での善行でしょう。

怒りは修行の大きな妨げになる、ニルヴァーナの対極にあるものです。

ただし、「怒りを捨てよ」、「怒らないことによって怒りにうち勝て」と言われても、なかなか難しい感じがします。

そこでもう少し砕いた言葉で表現してみましょう。

たとえば、

「イライラしない」

「ピリピリしない」

「カリカリしない」

と言い換えると、できそうな気がしてきませんか？

「あ、今ちょっとイラっときてるな」、「ピリピリモードに入りかけてるな」と自己分析する。そうやって自己分析している間に、気持ちが落ち着いてきます。

これも、気をつけていると習慣化してきます。

大上段にニルヴァーナを目指すということでなくても、日常の中でできる「ブッダ化のワザ」なのです。

「くよくよ」を少なくすれば楽しくなる

イライラとかピリピリといった心理的な状態は、擬態語の中の擬情語というものに分類されます。この擬情語を使った「〜しない」が意外に便利なことに気づきました。

一つの例を挙げると「くよくよしない」。

私たちは思い通りに行かなかったり、ミスしたとなると、くよくよ悩んでしまいます。


修行者は、非難されても、くよくよしてはならない。称讃されても、高ぶってはならない。

（『ブッダのことば』928より）


くよくよしてもしょうがないことが、山のようにあります。

特に人の評価はその典型的なものでしょう。自分がやるべきことをやったなら、もうそれは人が何と言おうとどうなるものでもありません。

くよくよ悩んで、何かが解決するでしょうか？　悩んで解決するならいいですが、そんなことはありません。

ならば、もうくよくよしないと決めてしまうのです。

自分を振り返って反省するのは、大いに結構だと思います。次はこうしようとか、こう対策を講じておこうという具体的な解決策が生まれてくるからです。こういう人はくよくよ悩みません。その必要がないからです。

くよくよ悩んでいる人に限って、本当の意味での反省はしていません。具体的な解決策も講じようとしない。自分のやり方に固執したまま、工夫や改善をせず、評判だけは何とか良くならないかと、くよくよする。よく考えてみると実に都合のいい考え方なわけです。

「〜しない」と決めると、思考も行動もスッキリとシンプルになります。

逆に、常に思考が混乱し、躓き、逡巡する人は「〜したい」「〜しなければならない」「〜するべきだ」という考えが混在し、混沌としているのです。

ちょっとした思考の切り替えで、世の中の見え方は一気に変わるのです。

世の中の「悪魔」から身を守る方法

騙される人、騙されない人

ブッダが修行しているときも、悟った後も、何かと悪魔が出てきて誘惑しようとします。

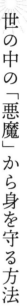

『サンユッタ・ニカーヤ』という、ブッダの言葉を集めた初期の経典があります。「主題ごとに整理された教えの集成」という意味で、岩波文庫では、『神々との対話』、『悪魔との対話』の二分冊になっています。この経典では、悪魔が再三再四現れ、ブッダを貶《おとし》めようとします。

そのたびに、ブッダは悪魔の正体を見破ります。すると悪魔は、「尊師はわたしのことを知っておられるのだ。幸せな方はわたしのことを知っておられるのだ」と気づいて、打ちしおれ、憂いに沈み、消え失せます。
この悪魔がくじかれ退散する様が繰り返し描かれているのがとても面白いのです。

今の世の中にも、このような罠にはめようと近寄ってくる悪魔がたくさんいますね。怪しい投資話を持ちかけてくる人がいます。「え？　そんな儲け話があるの？」と食いついてしまう。欲があるから目が曇るわけで、欲をかいた自分が悪いということになってしまいます。

リテラシーの欠如もあります。世の中には常に他人のお金を騙し取ろうとする人間がいることや、うまい話には裏があると知っていると簡単には騙されません。また、相手や相手の話に違和感や不信感を感じ取るなど、見極めるための情報と判断力があれば、ブッダのように、悪魔の正体を見破ることができるはずです。

最近多いのが、このままだとサイトのアカウントが停止されるので連絡せよとか、カードが不正使用されたようなので、連絡して欲しいというメールです。
何となく違和感がある。どうも文章や書体がおかしい。差出人のアドレスを確認すると、どう考えても会社のものではないようだ。ということで、「怪しい」と感じれば、騙されることはありません。

私の造語ですが、「違和感センサー」を働かせれば、ブッダのように危険を回避しやすくなります。

アカウント停止とか、不正使用されたという言葉を見ると動揺し、正しい判断力を失ってしまう人もいるでしょう。欲望や不安、動揺を抑えて、正しい判断を下すというブッダの教えに従えば、最新の詐欺の手口にも騙されずにすむはずです。

悪魔の娘たちの誘惑にも負けない心を持つ

色香の誘惑に負けないことも大事でしょう。

『サンユッタ・ニカーヤ』では、何をやってもブッダに見透かされ、すっかりしょげ返っている悪魔のもとに、彼の娘たちがやってきます。

「私たちがブッダを愛欲の綱で縛り上げて、ここに連れて来てあげるわ」と、娘たちは意気揚々とブッダの元に向かいます。

ところがブッダは、娘たちをまったく相手にしません。娘たちは「人の好むところはいろいろ異なる」と考え、百人のそれぞれ可愛らしい少女の姿、子供を産まない大人の女性の姿、子どもを産んだことがある女の姿、中年の女の姿と、次々と形を変えて誘惑しますが、ことごとく失敗します。

最後は、百人の老婆の姿に変えて現れますが、これも失敗し、娘たちは父の悪魔と同じく退散します。

「人々の好むところはいろいろ異なる」と、いろんな年代の女性に化けるというのが、生々しくもあり、ユーモラスですね。

これはそのまま現代につながりませんか？　ガールズバーは若い女性中心ですし、キャバクラはもう少し年上の女性たちもいます。そうかと思うと熟女専門のクラブもあります。人それぞれの好みで、どこかに引っ掛かってしまうのかもしれません。のめり込んで散財し、破産してしまう人だっています。

「2割ブッダ」に照らせば、絶対にそういう所に行くなとはなりません。あくまでも経験と話のネタとしてなら良いでしょう。

くれぐれも、女性からLINEをもらったと舞い上がり、愛欲の炎を燃やしたりしないことです。相手は疑似恋愛の達人であり、それでお客さんをつなぎ止めるプロです。勝手に妄想し、愛欲に縛られ、まさに兎のようにバタバタすることのないようにしたいものです。

自己中心的な執着まみれのストーカーは、ブッダと正反対の存在です。

ちょっと認識を変えるだけでブッダに近づける

さて、これまでいろいろな面から、「2割ブッダ」、「2割ニルヴァーナ」の実践を考えてきました。「2割」というのは、感覚的なものです。あくまでムリなく続けられそうな範囲で、ということです。

あらゆる煩悩をすべて消し去って、完全なるニルヴァーナを目指すとなると、これは大変な修行が必要で、現代社会に生きる身にとって、現実的ではありません。ところが2割でいいとなると、にわかに現実味を帯びてきます。

「犀の角のように、独り歩め」で、世間の評価や常識に捉われず、自由に生きる力をもらえる。さらに、様々な罠や誘惑に捉えられることも少なくなるでしょう。「10割」は非現実的ですが、「2割」なら、むしろ現代社会を生きる上での有効な処方箋になると思います。

そもそも、60歳を過ぎると、肉体の衰えというものがあります。衰えと言うとマイナスなイメージをつい思い浮かべるでしょうか？ブッダ的に解釈しますと、ギラギラした欲望が若い頃に比べて薄れてくるということでもあります。

異性と毎日でも一緒にいないと落ち着かなかった人も、大分落ち着きが出てきます。すると愛欲に若い頃ほどは惑わされずに済む。

金銭欲や出世欲も落ち着いてきます。60歳を過ぎ、もうそんなに時間が残されていないのに、１００億も２００億も資産があったって、使えるわけではありません。

体力もないから、若い頃のように何軒もハシゴして深酒できません。「まぁほどほどに飲みましょう」ということになります。

この年代になったという時点で、すでに少しずつブッダ的な世界に近づくことができているのです。

それなのに、ただ「老化」の一言で片づけてしまうのはもったいないことです。

年齢をテコにして、よりニルヴァーナに近づき、ブッダに近づくことができます。

ともに楽しくあれ。（中略）そなたもまた楽しくあれ。永く生きよ。

（『ブッダのことば』1029より）

60歳以降こそ、あらゆるところにブッダへの扉が開いている。

それはネガティブな意味での「老化」とは正反対の、生き生きとした楽しい生への扉なのです。

「老化」を「ブッダ化」と捉え直して、前向きに明るくおだやかに生きていきたいですね。

おわりに

ブッダの言葉の引用に関しては、仏教研究の第一人者である中村元先生の訳を使わせて頂きました。感謝申し上げます。

主な引用文献は以下です。

『ブッダのことば』
『ブッダの真理のことば 感興のことば』
『神々との対話』
『悪魔との対話』
『ブッダ最後の旅』(以上、岩波文庫)
『原始仏典』(ちくま学芸文庫)

今回、60歳からのブッダというテーマでお話ししながら、ふと、ブッダの教えの本意は、もしかしたらここでお話ししていた「2割ブッダ」的な考え方にあったのではないかという思いが、ますます強くなりました。

煩悩をすべて滅却して解脱しニルヴァーナに入るというのは、徹底したものです。そもそも動物にとって、欲というのは生存するための必要不可欠なものです。食欲、性欲、睡眠欲という三大欲求がありますが、いずれを欠いても、健康な生活は送れません。

ブッダのように徹底的に悟り、真理を見極め、ニルヴァーナに入った人物は人間界では初めてだとされます。もはや人間を越えて仏様になっているわけで、欲を消し去り、本能さえも乗り越えた存在です。

究極の境地、究極の理想としてそのような存在があるとして、では現実的にどうかと言えば、人間という動物である限り、私たちにはまず不可能でしょう。

それでも、昔から仏教修行者はそんな悟りと解脱、涅槃の境地を目指して修行し、さらに教義を深化させていったわけです。唯識思想や密教と、どんどん難解になり、一般の人は理解できない高尚な教えになっていきました。

自力で悟るためには、悟るための才と努力が必要です。

そうした「難行」の反動として生まれたのが、法然や親鸞による浄土宗、浄土真宗です。こちらは信心さえあれば、念仏さえ唱えれば誰もが救われる「易行」で、他力本願と呼ばれる教えでした。

難解で一般の人が実践するには難しい教えと、念仏さえ唱えれば救われるという易しい教え。この二つが、日本における仏教にはあります。

今回、テキストとして取り上げたのは、ブッダが実際に話した言葉をまとめた、ごく初期の経典ばかりです。ここまでお読み頂いてお気づきと思いますが、ブッダ自身は、決して難しい理論を言っているわけではありません。

むしろ、誰もが毎日実践できる具体的なアドバイスが散りばめられています。

「慎み」を持ち、自分を「ととのえる」。

正しくきれいな言葉を使い、相手を不快にさせない。

あまり欲望に走らず、自分をコントロールする。

下手にいろんなものを怖れたり、不安がったりしない。賢い人と友達になる……。

ブッダが弟子たちに言っている言葉というのは、今の孤独と不安の時代、欲望と競争の時代には、まさにぴったりです。しかも、今すぐ実践しようとすればできるものばかりなのです。

どんなカウンセラーよりも頼りになる存在であり、どんな評論家よりも的確で、どんな思想家よりも深い。この素晴らしい存在を、私たちはもっと身近に置くべきではないでしょうか。60代以降の人には、すんなり納得できる部分が多いはずです。

ブッダにいまこそ学びましょう。完全な悟りを目指さずとも、「2割ブッダ」、「2割ニルヴァーナ」で、私たちの人生はずいぶん明るく、楽しくなります。

息を調《ととの》え、身を調え、心を調える。「調息・調身・調心」をお互い心がけ楽しく過ごしていきましょう。

齋藤 孝

■著者プロフィール

齋藤 孝（さいとう　たかし）

1960年静岡県生まれ。東京大学法学部卒業後、同大大学院教育学研究科博士課程等を経て、明治大学文学部教授。専門は教育学、身体論、コミュニケーション論。ベストセラー作家、文化人として多くのメディアに登場。著書多数。

著書に『声に出して読みたい日本語』(草思社)、『語彙力こそが教養である』(KADOKAWA)、『20歳の自分に教えたい日本国憲法の教室』(SBクリエイティブ) 等がある。著書発行部数は1000万部を超える。

NHK Eテレ「にほんごであそぼ」総合指導を務める。

60歳《さい》からの ブッダの言葉《ことば》

発行日　2023年 5月 1日　第1版第1刷

著　者　齋藤《さいとう》　孝《たかし》

発行者　斉藤　和邦
発行所　株式会社　秀和システム
〒135-0016
東京都江東区東陽2-4-2　新宮ビル2F
Tel 03-6264-3105（販売）Fax 03-6264-3094
印刷所　三松堂印刷株式会社　Printed in Japan

ISBN978-4-7980-6881-7 C0015

定価はカバーに表示してあります。

乱丁本・落丁本はお取りかえいたします。

本書に関するご質問については、ご質問の内容と住所、氏名、電話番号を明記のうえ、当社編集部宛FAXまたは書面にてお送りください。お電話によるご質問は受け付けておりませんのであらかじめご了承ください。